La diferencia entre aprobar
y sacar plaza

Cuerpo Especialistas de Atención Sociosanitaria, Educación Especial y Cuidados Auxiliares de Enfermería

Escala Atención Sociosanitaria

GENERALITAT VALENCIANA

Si aún no dispones de tu **Curso MAD360**, te ofrecemos un acceso GRATIS de 30 días para que disfrutes de los siguientes recursos:

- Técnicas de Memoria 360.
- MADTEST: Test *online* Nivel PRO.
- Temario en formato digital.
- Planificación de estudio.
- Foro entre opositores hasta la fecha del examen.*
- Recursos y novedades exclusivas.
- Consúltanos sobre tu oposición y proceso selectivo.
- Actualizaciones legislativas (Boletines Oficiales) hasta 60 días antes de la fecha del examen.*

AF212320

Para acceder a esta prueba del Curso MAD360** será necesaria la compra de todos los libros para esta especialidad de la edición 2026.

Regístrate en **mad.es/iniciar-sesion** y, en la pestaña **MIS CURSOS**, valida los códigos que encontrarás en la última página de tus libros. Recuerda que dispones de un plazo de **45 días desde la fecha de compra** para realizar la validación. Si no verificas tu matrícula, el periodo de uso del curso comenzará a contar aunque no hayas accedido.

NOTA IMPORTANTE:

* Examen de esta categoría profesional correspondiente a la convocatoria publicada en el DOGV núm. 10314, de 3 de marzo de 2026, o hasta el 30 de abril de 2027, lo que se cumpla antes, y previa renovación del servicio.

** El acceso al CURSO MAD360 estará disponible desde abril de 2026 (algunos recursos podrían estar disponibles en fecha posterior). Tendrá una duración de 30 días RENOVABLES mediante pago, desde la validación de códigos, o hasta el 31 de octubre de 2027, lo que se cumpla antes.

MAD se reserva el derecho de ampliar dichas fechas.

Cuerpo Especialistas de atención sociosanitaria, educación especial y cuidados auxiliares de enfermería (C1-04-01) de la Generalitat Valenciana

Escala Atención Sociosanitaria

Marzo, 2026

Cuerpo Especialistas de atención sociosanitaria, educación especial y cuidados auxiliares de enfermería (C1-04-01) de la Generalitat Valenciana

Escala Atención Sociosanitaria

Test del temario

Autores

FRANCISCO JESÚS TORRES FONSECA
Licenciado en Derecho

LIDIA PONCE MARTÍNEZ
Licenciada en Psicología

HERMINIA ANDRADES ROMERO
Diplomada en Fisioterapia
Profesora de Procedimientos Sanitarios y Asistenciales

M.ª DEL CARMEN SILVA GARCÍA
Diplomada Universitaria en Enfermería
Técnica Especialista de Laboratorio

M.ª JOSÉ GARCÍA BERMEJO
Licenciada en Biología
Técnico Superior en Laboratorio de Diagnóstico Clínico

© 7 Editores Recursos para la Cualificación Profesional y el Empleo, S.L. (7 Editores)
© Los autores
Primera edición, marzo 2026 (182 páginas)
Derechos de edición reservados a favor de 7 Editores
IMPRESO EN ESPAÑA
Diseño Portada: 7 Editores
Edita: 7 Editores
Avda. San Francisco Javier, 9 · Edificio Sevilla 2 · Planta 11 · Módulos 25-27 · 41018 Sevilla
Teléfono: 954 784 411 · WEB: www.mad.es · e-mail: administracion@7editores.com
ISBN: 979-13-702-8756-6
© "Editorial Mad" y "Eduforma" son nombres comerciales registrados de
7 Editores Recursos para la Cualificación Profesional y el Empleo, S.L.

Índice

TEST PARTE GENERAL

A. CONSTITUCIÓN

B. ORGANIZACIÓN DE LA COMUNITAT VALENCIANA

C. DERECHO ADMINISTRATIVO

D. FUNCIÓN PÚBLICA

E. MATERIAS TRANSVERSALES

TEST PARTE ESPECÍFICA

PARTE GENERAL

A. Constitución

TEST N.º 1

La Constitución Española de 1978: Título Preliminar. Título I, De los Derechos y Deberes Fundamentales

1. ¿En qué se fundamenta la Constitución Española?

a) En un Estado social y democrático de Derecho.
b) En la indisoluble unidad de la Nación española.
c) En la independencia de los poderes del Estado.
d) En la organización territorial del Estado.

2. Según el artículo 3 de la CE, el castellano es la lengua oficial del Estado y todos los Españoles:

a) Tienen el deber de usar y el derecho de conocer el castellano.
b) Tienen el derecho y el deber de conocer el castellano.
c) Tienen el deber de conocer y el derecho de usar el castellano.
d) Tienen el derecho de conocer y usar el castellano.

3. La Constitución Española reconoce y garantiza el derecho a la autonomía:

a) De las nacionalidades que la integran.
b) De las regiones que la integran.
c) De las Comunidades Autónomas que la integran.
d) De las nacionalidades y regiones que la integran.

4. El Preámbulo de la Constitución:

a) Tiene en sí carácter de norma jurídica.
b) Es una declaración de intenciones, destinada a interpretar lo que se quiere alcanzar con el contenido normativo de la Constitución.
c) Se trata de un texto sin fuerza jurídica de obligar.
d) Las respuestas b) y c) son correctas.

5. Señala la afirmación correcta, respecto de la aprobación, ratificación y publicación de la Constitución Española:

a) Aprobada por las Cortes el 31 de octubre de 1978, ratificada por el pueblo en referéndum el 6 de diciembre de 1978 y publicada el 29 de diciembre de 1978.
b) Aprobada por las Cortes el 30 de octubre de 1978, ratificada por el pueblo en referéndum el 16 de diciembre de 1978 y publicada el 27 de diciembre de 1978.
c) Aprobada por las Cortes el 31 de octubre de 1978, ratificada por el pueblo en referéndum el 16 de diciembre de 1978 y publicada el 29 de diciembre de 1978.
d) Aprobada por las Cortes el 10 de octubre de 1978, ratificada por el pueblo en referéndum el 26 de diciembre de 1978 y publicada el 30 de diciembre de 1978.

6. ¿En qué parte de la Carta Magna se establece la exposición de motivos que impulsan la norma constitucional y los objetivos que con ella se pretenden alcanzar?

a) En el Título preliminar.
b) En el Preámbulo.
c) En el Título I.
d) En el Título II.

7. La Constitución Española fue sancionada por:

a) El Rey.
b) El Presidente del Congreso.
c) Las Cortes Generales.
d) El Presidente del Gobierno.

8. ¿Cuáles de los siguientes españoles de origen pueden ser privados de su nacionalidad?

a) Exclusivamente los miembros de grupos terroristas.
b) Los miembros de grupos terroristas y los que atenten contra el Rey u otro miembro de la Casa Real.
c) Los que atenten contra un miembro de la Familia Real o del Gobierno de la Nación.
d) Ningún español de origen podrá ser privado de su nacionalidad.

9. Según la CE son fundamentos del orden político y la paz social:

a) La dignidad de la persona, los derechos violables que les son inherentes y el respeto a la ley.
b) La dignidad de la persona, el desarrollo limitado de la personalidad y el respeto a la ley.
c) El respeto a la ley, a los reglamentos administrativos y demás disposiciones legales.
d) La dignidad de la persona, los derechos inviolables que le son inherentes, el libre desarrollo de su personalidad, el respeto a la ley y a los derechos de los demás.

10. ¿Cuál de los siguientes es considerado por la CE como uno de los valores superiores del ordenamiento jurídico?

a) La jerarquía normativa.
b) El pluralismo político.

c) La publicidad normativa.
d) La equidad.

11. La forma política del Estado español es:

a) Democracia parlamentaria.
b) Gobierno parlamentario.
c) Monarquía parlamentaria.
d) República democrática.

12. La parte de la CE que regula la estructura de los principales órganos del Estado recibe el nombre de:

a) Parte dogmática.
b) Parte orgánica.
c) Parte estatal.
d) Parte estructural.

13. Según la CE, la soberanía nacional:

a) Corresponde a las Cortes Generales, al estar compuestas por los representantes del pueblo.
b) Corresponde al Rey.
c) Reside en el pueblo español.
d) Corresponde al Gobierno de la Nación elegido directamente por el pueblo.

14. El derecho a la propiedad en nuestra Constitución es un Derecho:

a) Inherente a la condición humana.
b) Absoluto.
c) Limitado por la función social de la misma.
d) Ninguna de las respuestas anteriores es correcta.

15. ¿En qué parte de la Carta Magna se señalan los valores superiores del ordenamiento jurídico?

a) En el Preámbulo.
b) En el Título Preliminar.
c) En el Título I.
d) Ninguna respuesta es correcta.

En MADTEST tienes **más preguntas de este tema**, y todos tus avances quedan registrados y se reflejan en el ranking.

¡Supera tus límites con MADTEST!

Solución al test n.º 1

1. b) En la indisoluble unidad de la Nación española.

2. c) Tienen el deber de conocer y el derecho de usar el castellano.

3. d) De las nacionalidades y regiones que la integran.

4. d) Las respuestas b) y c) son correctas.

5. a) Aprobada por las Cortes el 31 de octubre de 1978, ratificada por el pueblo en referéndum el 6 de diciembre de 1978 y publicada el 29 de diciembre de 1978.

6. b) En el Preámbulo.

7. a) El Rey.

8. d) Ningún español de origen podrá ser privado de su nacionalidad.

9. d) La dignidad de la persona, los derechos inviolables que le son inherentes, el libre desarrollo de su personalidad, el respeto a la ley y a los derechos de los demás.

10. b) El pluralismo político.

11. c) Monarquía parlamentaria.

12. b) Parte orgánica.

13. c) Reside en el pueblo español.

14. c) Limitado por la función social de la misma.

15. b) En el Título Preliminar.

TEST N.º 2

La Constitución Española de 1978: Título IV, Del Gobierno y la Administración; Título V, De las relaciones entre el Gobierno y las Cortes Generales

1. Según exige la Constitución Española, el Congreso de los Diputados otorga su confianza al candidato a la Presidencia del Gobierno:

a) Por mayoría especial de 3/5 de sus miembros.
b) Por mayoría cualificada de 2/3 de sus miembros.
c) Por mayoría absoluta de sus miembros.
d) Por mayoría simple de sus miembros.

2. El Rey propone al candidato a la Presidencia del Gobierno:

a) Mediante Real Decreto.
b) A través del Presidente del Gobierno saliente.
c) A través del Presidente del Congreso.
d) Ninguna respuesta es correcta.

3. La acusación de traición al Presidente y demás miembros del Gobierno en el ejercicio de sus funciones, puede ser planteada por:

a) Cualquier ciudadano mediante la acción popular.
b) Las Cortes Generales.
c) La cuarta parte de los miembros del Congreso de los Diputados.
d) El Rey.

4. Los miembros del Gobierno de la Nación serán nombrados por:

a) El Presidente del Gobierno.
b) El Rey, a propuesta del Presidente del Gobierno.
c) El Presidente del Congreso.
d) La mayoría simple de los Diputados.

5. El Presidente del Gobierno es elegido por:

a) Las Cortes.
b) El Congreso de los Diputados.
c) El Rey.
d) Directamente por los electores.

6. El Gobierno español es un órgano:

a) Presidencialista.
b) Colegiado.
c) Unipersonal.
d) Cameralista.

7. Según la Constitución, la Administración Pública ha de actuar de acuerdo con los principios de:

a) Descentralización y desconcentración.
b) Unidad y variedad.
c) Coordinación y tutela.
d) Jerarquía y delegación.

8. El control de la potestad reglamentaria del Gobierno corresponde:

a) Al Congreso.
b) Al Senado.
c) Al Tribunal de Cuentas.
d) A los Tribunales según la materia.

9. La prerrogativa real de gracia no será aplicable a:

a) Los Ministros.
b) Los Secretarios de Estado.
c) Los Subsecretarios.
d) Podrá aplicarse a todos los anteriores.

10. Según la Constitución, ¿cuál de los siguientes órganos dirige la defensa del Estado?

a) El Rey.
b) La Junta de Defensa Nacional.
c) El Ministerio de Defensa.
d) El Gobierno.

11. El debate para la elección de Presidente del Gobierno se denomina:

a) Moción.
b) Elección.
c) Investidura.
d) Propuesta.

12. ¿Cuál de las siguientes afirmaciones es correcta?

a) Los Ministros sin cartera tienen menos rango administrativo y político que el resto de los Ministros.
b) Todos los Ministros tienen idéntico rango político y administrativo.
c) Unos Ministros, denominados de Estado, tienen preferencia sobre los demás.
d) Los Ministros que cuentan con Secretarios de Estado tienen un nivel administrativo superior a los demás.

13. ¿Cómo se nombran los Ministros?

a) Por el Rey, a propuesta del Presidente del Gobierno, previo acuerdo del Consejo de Ministros.
b) Por el Rey, a propuesta del Presidente del Gobierno.
c) Por el Presidente del Gobierno, previo acuerdo del Consejo de Ministros.
d) Por el Rey, a propuesta del Presidente del Congreso.

14. El Presidente del Gobierno es nombrado por:

a) Las Cortes.
b) El Rey.
c) El Congreso de los Diputados.
d) El Senado.

15. Al Vicepresidente del Gobierno lo nombra:

a) El Presidente del Gobierno.
b) El Rey a propuesta del Presidente del Gobierno.
c) El Presidente del Congreso.
d) El Presidente del Tribunal Constitucional.

En MADTEST tienes **más preguntas de este tema**, y todos tus avances quedan registrados y se reflejan en el ranking.

¡Supera tus límites con MADTEST!

Solución al test n.º 2

1. c) Por mayoría absoluta de sus miembros.

2. c) A través del Presidente del Congreso.

3. c) La cuarta parte de los miembros del Congreso de los Diputados.

4. b) El Rey, a propuesta del Presidente del Gobierno.

5. b) El Congreso de los Diputados.

6. b) Colegiado.

7. a) Descentralización y desconcentración.

8. d) A los Tribunales según la materia.

9. a) Los Ministros.

10. d) El Gobierno.

11. c) Investidura.

12. b) Todos los Ministros tienen idéntico rango político y administrativo.

13. b) Por el Rey, a propuesta del Presidente del Gobierno.

14. b) El Rey.

15. b) El Rey a propuesta del Presidente del Gobierno.

B. Organización de la Comunitat Valenciana

TEST N.º 3

**El Estatuto de Autonomía de la Comunitat Valenciana: Título I,
La Comunitat Valenciana; Título II, De los derechos
de los valencianos y valencianas; Título III, La Generalitat;
Título IV, Las competencias**

1. Les Corts designarán los Senadores que le correspondan para representar la Comunitat Valenciana de conformidad:

a) Con la Ley Electoral General Estatal.
b) Con el Reglamento de Les Corts.
c) Con la Ley de Designación de Senadores en representación de la Comunidad Autónoma.
d) Con la Ley Electoral Valenciana.

2. La Ley Electoral Valenciana precisará, para su aprobación:

a) 2/3 partes de Les Corts.
b) Mayoría absoluta de Les Corts.
c) 3/5 partes de Les Corts.
d) 2/5 partes de Les Corts.

3. Las leyes de la Generalitat serán publicadas:

a) En el Boletín Oficial del Estado, en las dos lenguas oficiales.
b) En el Diario Oficial de la Generalitat.
c) En el Boletín Oficial del Estado, en los quince días siguientes a su aprobación.
d) En el Diario Oficial de la Generalitat con carácter inmediato.

4. ¿Cuál de las siguientes no es función de Les Corts?

a) Exigir la responsabilidad política de un Conseller.
b) Controlar la acción del Consell.
c) Controlar parlamentariamente a la Administración que esté bajo la autoridad de la Generalitat.
d) Interponer recursos de inconstitucionalidad.

5. ¿Cuál de las siguientes no es función de Les Corts?

a) Crear comisiones especiales de investigación.
b) Nombrar al President de la Generalitat.
c) Aprobar las emisiones de deuda pública.
d) Solicitar al Gobierno del Estado la adopción de proyectos de ley.

6. La iniciativa legislativa de Les Corts será ejercida por:

a) Los grupos parlamentarios, exclusivamente.
b) Únicamente por los diputados y diputadas.
c) El Consell, los diputados y diputadas de Les Corts, y los grupos parlamentarios de Les Corts.
d) El Consell exclusivamente.

7. El Reglamento de Les Corts:

a) Es una norma de rango inferior a ley.
b) Es una norma de rango equivalente al Estatuto de Autonomía.
c) Es una norma administrativa.
d) Tiene rango de ley.

8. El aforamiento de un Diputado o Diputada de Les Corts:

a) Supone la inviolabilidad del mismo.
b) Se extiende a responsabilidad penal y civil.
c) Supone la inmunidad del mismo.
d) Supone que su responsabilidad penal o civil será exigida siempre ante el Tribunal Superior de Justicia de la Comunitat Valenciana.

9. El President de la Generalitat podrá disolver Les Corts:

a) En la forma que determine el Estatuto de Autonomía.
b) En la forma que determine la Ley del Consell.
c) En la forma que determine la Ley Electoral Valenciana.
d) En la forma que determine el Reglamento de Les Corts.

10. Para que Les Corts celebren sesiones en lugar distinto a su sede oficial:

a) Se precisará conformidad del Consell.
b) Se precisa decisión en tal sentido del Consell y de los órganos de gobierno de Les Corts.
c) Se necesita decisión en tal sentido del Presidente del Consell.
d) Se precisa decisión en tal sentido de los órganos de gobierno de Les Corts.

11. Para determinados efectos, el mandato de los Diputados de Les Corts concluye:

a) El día en que se convocan las elecciones.
b) El día en que se celebran las elecciones.
c) El día de antes al de celebración de las elecciones.
d) El día siguiente al que se convocan las elecciones.

12. Las sesiones del Pleno de Les Corts:

a) Tienen que ser públicas salvo en los supuestos en que la ley permita lo contrario.
b) Tienen que ser públicas.
c) Tienen que ser públicas salvo en los supuestos en que el Reglamento de Les Corts permita lo contrario.
d) Tienen que ser públicas salvo en las materias en que el Estatuto de Autonomía permite lo contrario.

13. La denominación del Título III del Estatuto de Autonomía es:

a) La Generalitat
b) Los órganos de la Generalitat.
c) El Gobierno de la Generalitat.
d) Instituciones de la Comunidad Valenciana.

14. Según el Estatuto de Autonomía, ¿qué número de votos deberá haber obtenido el partido, federación, agrupación de electores o coalición que se hayan presentado a las elecciones para poder ser proclamados diputados electos de Les Corts?

a) El 5 % de los votos de la Comunidad.
b) El 3 % de los votos de su circunscripción electoral.
c) El número de votos que determine la Ley Electoral Valenciana.
d) El 5 % de los votos de su circunscripción electoral.

15. El Título III del Estatuto de Autonomía:

a) No tiene Capítulos.
b) Tiene 5 Capítulos.
c) Tiene 3 Capítulos.
d) Tiene 7 Capítulos.

En MADTEST tienes **más preguntas de este tema**, y todos tus avances quedan registrados y se reflejan en el ranking.

¡Supera tus límites con MADTEST!

Solución al test n.º 3

1. c) Con la Ley de Designación de Senadores en representación de la Comunidad Autónoma.

2. a) 2/3 partes de Les Corts.

3. b) En el Diario Oficial de la Generalitat.

4. a) Exigir la responsabilidad política de un Conseller.

5. b) Nombrar al President de la Generalitat.

6. c) El Consell, los diputados y diputadas de Les Corts, y los grupos parlamentarios de Les Corts.

7. d) Tiene rango de ley.

8. b) Se extiende a responsabilidad penal y civil.

9. b) En la forma que determine la Ley del Consell.

10. d) Se precisa decisión en tal sentido de los órganos de gobierno de Les Corts.

11. c) El día de antes al de celebración de las elecciones.

12. c) Tienen que ser públicas salvo en los supuestos en que el Reglamento de Les Corts permita lo contrario.

13. a) La Generalitat

14. c) El número de votos que determine la Ley Electoral Valenciana.

15. d) Tiene 7 Capítulos.

TEST N.º 4

La Ley 5/1983, de 30 de diciembre, del Consell: Título I, Del President de la Generalitat; Título II, Del Consell: Capítulo I, Composición; Capítulo II, las atribuciones; Capítulo III, Del funcionamiento; Capítulo VI, La iniciativa legislativa, los Decretos Legislativos y la potestad reglamentaria del Consell; Título III, Relaciones entre el Consell y Les Corts

1. La creación de las Secretarías Autonómicas se realizará por:

a) El President de la Generalitat.
b) El Consell.
c) El Consell a propuesta del President de la Generalitat.
d) El President de la Generalitat a propuesta del Consell.

2. En el funcionamiento del Consell, según la Ley del Consell, prima:

a) Su dirección administrativa.
b) Su dirección presidencial.
c) Su funcionamiento administrativo.
d) Sus decisiones colegiadas.

3. Que el President de la Generalitat tenga que ser miembro de Les Corts:

a) Lo establece así únicamente el Estatuto de Autonomía.
b) Lo establece así la CE (Constitución española) y el EA (Estatuto de Autonomía).
c) Lo establece así únicamente el EA y la Ley del Consell.
d) Lo establece únicamente la Ley del Consell.

4. ¿Cómo se realizará el debate del programa político de gobierno que proponga el candidato a la Presidencia de la Generalitat?

a) Conforme determina el Estatuto de Autonomía.
b) Conforme determina concretamente la Ley del Consell.
c) Conforme determina concretamente la modificación última de la Ley del Consell.
d) Conforme el Reglamento de Les Corts.

5. ¿Cuántas propuestas sucesivas puede realizar el Presidente de Les Corts a estas referente a la elección del President de la Generalitat?

a) No más de tres.
b) No más de dos.
c) No se dispone limitación ni en el EA ni en la Ley del Consell.
d) Las que disponga el Reglamento de Les Corts, tal como dispone la Ley del Consell.

6. La disolución de Les Corts por no haberse encontrado candidato a la Presidencia de la Generalitat será tomada:

a) Por acuerdo.
b) Por real decreto.
c) Por decreto ley.
d) Por decreto.

7. En el supuesto de disolución de Les Corts por no haberse encontrado candidato a la Presidencia de la Generalitat, la convocatoria de nuevas elecciones será hecha:

a) Por el President de la Generalitat en funciones.
b) Por el Consell en funciones.
c) Por el Presidente de Les Corts.
d) Por la Mesa de Les Corts.

8. ¿Cuál de las siguientes no es función del President de la Generalitat?

a) Fijar orden del día de las reuniones del Consell.
b) Firmar los decretos del Consell.
c) Levantar actas de las sesiones del Consell.
d) Coordinar la ejecución de los acuerdos del Consell.

9. Para que el President de la Generalitat pueda presentar ante Les Corts la cuestión de confianza, se precisará:

a) Deliberación del Consell.
b) Autorización del Consell.
c) Votación favorable del Consell por mayoría absoluta.
d) Acuerdo del Consell.

10. Los Consellers sin cartera:

a) Tendrán adscrita la Secretaría Autonómica de la Presidencia.
b) Podrán no tener adscritas Secretarías Autonómicas.
c) No tendrán adscritas Secretarías Autonómicas.
d) Tendrán sus correspondientes Secretarías Autonómicas.

11. ¿Cuál de las siguientes afirmaciones es cierta respecto a la elección por Les Corts del President de la Generalitat?

a) Rechazada la propuesta del primer candidato, el Presidente de Les Corts retomará la ronda de consultas.

b) El Presidente de Les Corts retomará la ronda de consultas si han transcurrido dos meses de la presentación del primer candidato.

c) Para que el Presidente de Les Corts retome la ronda de consultas será preciso que hayan sido rechazados sucesivamente dos candidatos que él haya presentado.

d) El Presidente de Les Corts no está obligado a retomar la ronda de consultas.

12. El Consell podrá retirar su proyecto de ley ante Les Corts:

a) Siempre que estas no hayan tomado acuerdo final sobre el mismo.

b) Siempre que estas no hayan comenzado la votación sobre el mismo.

c) Siempre que estas no hayan comenzado la deliberación sobre el mismo.

d) En cualquier momento anterior a la publicación oficial del mismo.

13. ¿Cuál de las siguientes afirmaciones es cierta respecto a lo dispuesto en la Ley del Consell?

a) El plazo mínimo dispuesto para la votación de la cuestión de confianza es el idéntico al plazo que debe transcurrir como mínimo entre la primera y segunda votación de investidura.

b) El plazo mínimo dispuesto para la votación de la cuestión de confianza es inferior al plazo que debe transcurrir entre la primera y segunda votación de investidura.

c) El plazo mínimo dispuesto para la votación de la cuestión de confianza es el superior al plazo que debe transcurrir como mínimo entre la primera y segunda votación de investidura.

d) Todas son falsas.

14. Los proyectos de ley sobre los que el Consell ha propuesto cuestión de confianza:

a) Tendrán que ser aprobados por mayoría cualificada.

b) Serán aprobados por mayoría simple salvo que para su aprobación se requiera mayoría cualificada.

c) Tendrán que ser aprobados por mayoría absoluta.

d) Tendrán que ser aprobados por la mayoría que determine Les Corts.

15. La emisión de deuda pública que realice el Consell estará supeditada:

a) A que sea destinada a gastos de inversión.

b) A que esté facultada por ley estatal.

c) A que lo sea dentro de las materias financieras que determina el Estatuto de Autonomía.

d) Que lo sea en ejecución de una ley estatal.

En MADTEST tienes **más preguntas de este tema**, y todos tus avances quedan registrados y se reflejan en el ranking.

¡Supera tus límites con MADTEST!

Solución al test n.º 4

1. a) El President de la Generalitat.

2. b) Su dirección presidencial.

3. b) Lo establece así la CE (Constitución española) y el EA (Estatuto de Autonomía).

4. d) Conforme el Reglamento de Les Corts.

5. c) No se dispone limitación ni en el EA ni en la Ley del Consell.

6. a) Por acuerdo.

7. a) Por el President de la Generalitat en funciones.

8. c) Levantar actas de las sesiones del Consell.

9. a) Deliberación del Consell.

10. b) Podrán no tener adscritas Secretarías Autonómicas.

11. d) El Presidente de Les Corts no está obligado a retomar la ronda de consultas.

12. a) Siempre que estas no hayan tomado acuerdo final sobre el mismo.

13. b) El plazo mínimo dispuesto para la votación de la cuestión de confianza es inferior al plazo que debe transcurrir entre la primera y segunda votación de investidura.

14. b) Serán aprobados por mayoría simple salvo que para su aprobación se requiera mayoría cualificada.

15. a) A que sea destinada a gastos de inversión.

TEST N.º 5

La Ley 5/1983, de 30 de diciembre, del Consell: Título II, Del Consell: Capítulo IV, De la Conselleria y de los Consellers; Capítulo V, Estatuto Personal de los Consellers; Título IV, De la Administración Pública de la Generalitat; Título V, De la responsabilidad de los miembros del Consell y de la Administración Pública de la Generalitat

1. El procedimiento de determinación de la estructura orgánica superior del Consell y la designación de sus titulares, mediante la Ley del Consell:

a) Se jerarquiza.
b) Se limita.
c) Se agiliza.
d) Se fiscaliza.

2. A los Consellers les corresponden:

a) El ejercicio de las facultades ordinarias de contratación administrativa dentro de los límites establecidos en las leyes presupuestarias.
b) El ejercicio de cualquier facultad en materia de contratación administrativa.
c) El ejercicio de la facultad en materia de contratación administrativa dentro de las competencias establecidas por el Consell.
d) El ejercicio de la facultad en materia de contratación administrativa siempre que le sea delegado por el Consell.

3. Las funciones competentes de los Consellers:

a) Les tendrán que ser atribuidas por ley.
b) Les podrán ser atribuidas reglamentariamente.
c) Les tendrán que ser atribuidas por ley o reglamentariamente.
d) Además de por ley o por reglamento, solo les podrán ser atribuidas por el President de la Generalitat.

4. El Reglamento orgánico de cada Conselleria:

a) Es aprobado por el Consell.
b) Es aprobado por el Conseller respectivo.

c) Es aprobado por el President de la Generalitat.

d) Puede ser aprobado por la Comisión Delegada del Gobierno que tenga competencias en la materia.

5. La Presidencia de la Generalitat orgánicamente se desarrolla:

a) Conforme especifica la Ley del Consell.

b) Conforme a su reglamento orgánico.

c) Conforme a las leyes de Les Corts que deben regularlo.

d) Conforme a sus propias disposiciones reglamentarias, siempre dentro de los límites fijados por la ley estatal.

6. ¿Ante quién no pueden responder de su gestión los Secretarios Autonómicos?

a) Ante el Conseller.

b) Ante el President de la Generalitat

c) Ante los Vicepresidentes del Consell.

d) Ante cualquiera de ellos.

7. La adaptación de las normas de la Administración del Estado a la organización de la Generalitat Valenciana se hará conforme a las normas dictadas por:

a) Les Corts.

b) Las Cortes Generales.

c) El Consell.

d) Los órganos administrativos de la Generalitat.

8. La adaptación anterior se realizará:

a) Por medio de leyes de Les Corts.

b) Por medio de decreto del President de la Generalitat.

c) Mediante reglamentación del Consell.

d) Mediante decreto del President de la Generalitat.

9. La ley del Consell:

a) Permite la delegación de competencias delegadas en cualquier caso.

b) Permite en determinados supuestos la delegación de competencias delegadas.

c) Se remite en cuanto a la delegación de competencias delegadas a lo establecido en la Legislación General del Estado.

d) No permite, en ningún caso, la delegación de competencias delegadas.

10. Las competencias propias del Consell:

a) No son delegables.

b) Son delegables en determinados casos en las Comisiones Delegadas del Gobierno.

c) Son delegables en cualquier caso y órganos.
d) Son delegables en cualquier caso en las Comisiones Delegadas del Gobierno.

11. Las Secretarías Autonómicas:

a) Son de existencia facultativa.
b) Son de existencia probable.
c) Son de existencia general.
d) Son de existencia obligada.

12. Requerirán autorización previa del Conseller:

a) La delegación realizada por los órganos de nivel superior.
b) La delegación realizada por los órganos de nivel administrativo.
c) Cualquier delegación realizada en el seno de una Conselleria.
d) La delegación realizada en los órganos de nivel directivo y administrativo.

13. Los servicios periféricos lo son:

a) De las Consellerias.
b) De la Presidencia del Consell.
c) Del Consell.
d) De la Presidencia de la Generalitat Valenciana.

14. Los servicios periféricos son expresión del principio de:

a) Economía.
b) Control.
c) Desconcentración.
d) Descentralización.

15. Los servicios periféricos tienen competencia territorial en:

a) Todo el territorio provincial que asumen.
b) En toda la Comunidad Autónoma.
c) En el mismo territorio que asumen los servicios centrales.
d) En su propio ámbito territorial.

En MADTEST tienes **más preguntas de este tema**, y todos tus avances quedan registrados y se reflejan en el ranking.

¡Supera tus límites con MADTEST!

Solución al test n.º 5

1. c) Se agiliza.

2. a) El ejercicio de las facultades ordinarias de contratación administrativa dentro de los límites establecidos en las leyes presupuestarias.

3. b) Les podrán ser atribuidas reglamentariamente.

4. a) Es aprobado por el Consell.

5. b) Conforme a su reglamento orgánico.

6. d) Ante cualquiera de ellos.

7. c) Del Consell.

8. c) Mediante reglamentación del Consell.

9. d) No permite, en ningún caso, la delegación de competencias delegadas.

10. d) Son delegables en cualquier caso en las Comisiones Delegadas del Gobierno.

11. a) Son de existencia facultativa.

12. b) La delegación realizada por los órganos de nivel administrativo.

13. a) De las Consellerias.

14. c) Desconcentración.

15. d) En su propio ámbito territorial.

C. Derecho Administrativo

TEST N.º 6

La Ley 40/2015, de 1 de octubre, de régimen jurídico del sector público: Título preliminar: Capítulo I, Disposiciones generales. Capítulo II: Los órganos de las Administraciones Públicas

1. De conformidad con el artículo 8 de la Ley 40/2015, de 1 de octubre, de Régimen Jurídico del Sector Público, la competencia para el dictado de actos administrativos:

a) Es irrenunciable y siempre se ejercerá por los órganos administrativos que la tengan atribuida como propia.

b) Se puede delegar en todo caso.

c) Es irrenunciable y se ejercerá por los órganos administrativos que la tengan atribuida como propia, salvo los casos de delegación o avocación, en los términos previstos en la ley.

d) Es irrenunciable y se ejercerá por los órganos administrativos que la tengan atribuida como propia, salvo los casos de delegación de firma o suplencia, en los términos previstos en la ley.

2. En ningún caso podrán ser objeto de delegación, tal y como dispone la Ley 40/2015, de 1 de octubre, competencias relativas a:

a) La resolución de los recursos de alzada.

b) La adopción de disposiciones de carácter general.

c) Las resoluciones en materia de personal.

d) Las resoluciones de responsabilidad patrimonial.

3. Según dispone el artículo 23 de la Ley 40/2015, de 1 de octubre, de Régimen Jurídico del Sector Público, es motivo de abstención:

a) Tener interés personal en el asunto de que se trate o en otro en cuya resolución pudiera influir la de aquel, ser administrador de sociedad o entidad interesada, o tener cuestión litigiosa pendiente con algún interesado.

b) Tener parentesco de consanguinidad dentro del cuarto grado o de afinidad dentro del tercero, con cualquiera de los interesados, con los administradores de entidades o sociedades interesadas o con sus asesores o representantes legales.

c) Haber prestado servicios profesionales de cualquier tipo y en cualquier circunstancia o lugar en los cinco últimos años a persona natural interesada directamente en el asunto.

d) Haber prestado servicios profesionales de cualquier tipo y en cualquier circunstancia o lugar en los cinco últimos años a persona jurídica interesada directamente en el asunto.

4. La recusación de acuerdo con el artículo 24 de la Ley 40/2015, de 1 de octubre, de Régimen Jurídico del Sector Público, la promueve:

a) La autoridad.
b) El superior jerárquico de la autoridad o funcionario.
c) El interesado.
d) El funcionario.

5. Según dispone el artículo 23 de la Ley 40/2015, de 1 de octubre, de Régimen Jurídico del Sector Público, NO es un motivo de abstención:

a) Haber tenido intervención como perito en el procedimiento de que se trate.
b) Tener parentesco de afinidad dentro del segundo grado, con cualquiera de los interesados, con los administradores de entidades o sociedades interesadas y también con los asesores, representantes legales o mandatarios que intervengan en el procedimiento.
c) Tener parentesco de afinidad dentro del cuarto grado, con cualquiera de los interesados, con los administradores de entidades o sociedades interesadas y también con los asesores, representantes legales o mandatarios que intervengan en el procedimiento.
d) Haber tenido intervención como testigo en el procedimiento de que se trate.

6. Según el artículo 9 de la Ley 40/2015, de 1 de octubre, de Régimen Jurídico del Sector Público, la delegación de competencias:

a) Será revocable en cualquier momento por el órgano que la haya conferido.
b) Es irrevocable.
c) Será revocable solo por el Consejo de Gobierno.
d) Será revocable solo por el Consejo de Ministros.

7. De acuerdo con el artículo 3 de la Ley 40/2015, de 1 de octubre, de Régimen Jurídico del Sector Público, ¿cuáles son los principios de actuación de las Administraciones Públicas?

a) Jerarquía, cooperación, descentralización, desconcentración y colaboración.
b) Eficacia, desconcentración, jerarquía, descentralización y cooperación.
c) Coordinación, descentralización, jerarquía, eficacia y desconcentración.
d) Cooperación, jerarquía, descentralización, eficiencia y servicio a los ciudadanos.

8. ¿Qué principios deberán respetar en su actuación las Administraciones Públicas, conforme al artículo 3 de la Ley 40/2015, de 1 de octubre, de Régimen Jurídico del Sector Público?

a) Los de buena fe y confianza legítima.
b) Los de eficiencia y servicio a los ciudadanos.
c) Participación, objetividad y transparencia de la actuación administrativa.
d) Los de transparencia y participación.

9. ¿Qué principios deberán respetar en sus relaciones las Administraciones Públicas?

a) Buena fe, confianza legítima y lealtad institucional.
b) Los de eficiencia y servicio a los ciudadanos.
c) Los de transparencia y participación.
d) Los de cooperación y colaboración.

10. Las Administraciones Públicas se relacionarán entre sí y con sus órganos, organismos públicos y entidades vinculados o dependientes, conforme al artículo 3.2 de la Ley 40/2015, de 1 de octubre, de Régimen Jurídico del Sector Público:

a) A través de medios electrónicos.
b) A través de medios electrónicos, que aseguren la interoperabilidad y seguridad de los sistemas y soluciones adoptadas por cada una de ellas garantizando la protección de los datos de carácter personal, y facilitando preferentemente la prestación conjunta de servicios a los interesados.
c) Directamente y sin dilación garantizando la protección de los datos de carácter personal, y facilitarán preferentemente la prestación conjunta de servicios a los interesados.
d) Preferentemente a través de medios electrónicos, que aseguren la prestación conjunta de servicios a los interesados.

11. ¿Cuál de las siguientes respuestas es correcta, de acuerdo con lo dispuesto en el artículo 3.4 de la Ley 40/2015, de 1 de octubre, de Régimen Jurídico del Sector Público?

a) Cada Administración Pública actúa para el cumplimiento de sus fines con personalidad jurídica única.
b) Las Administraciones Públicas se configuran como órganos territoriales.
c) Las Administraciones Públicas están integradas por entes locales.
d) Cada Administración instrumental actúa para el cumplimiento de sus fines con personalidad jurídica única.

12. Conforme a lo dispuesto en el artículo 5.3 de la Ley 40/2015, de 1 de octubre, de Régimen Jurídico del Sector Público, ¿qué requisito, de los siguientes, debe cumplirse para la creación de cualquier órgano administrativo?

a) Determinar su forma de descentralización en la Administración Pública de que se trate.
b) Fijar los objetivos de interés común a cumplir.

c) La dotación de los créditos necesarios para su puesta en marcha y funcionamiento.

d) Deben cumplirse todos los requisitos anteriores.

13. De acuerdo con lo dispuesto en el artículo 8.1 de la Ley 40/2015, de 1 de octubre, de Régimen Jurídico del Sector Público, ¿cómo es la competencia que ejerce un órgano administrativo que la tenga atribuida como propia?

a) Es compartida con el órgano de superior jerarquía.

b) Es irrenunciable.

c) Es renunciable ante el órgano superior del mismo ente.

d) Es renunciable ante el órgano superior del mismo ente, a través de la técnica de la avocación.

14. Señala la respuesta correcta. De acuerdo con lo dispuesto en el artículo 8 de la Ley 40/2015, de 1 de octubre, de Régimen Jurídico del Sector Público:

a) Se pueden crear órganos que supongan duplicación de otros ya existentes.

b) La delegación de firma y la suplencia supone alteración de la titularidad de la competencia.

c) La encomienda de gestión supone alteración de la titularidad de la competencia.

d) Salvo los casos de avocación o delegación la competencia es irrenunciable.

15. Señala la respuesta correcta. Según el artículo 9 de la Ley 40/2015, de 1 de octubre, de Régimen Jurídico del Sector Público:

a) Los órganos de las diferentes Administraciones Públicas no podrán delegar el ejercicio de competencias que tengan atribuidas en otros órganos de la misma Administración, aun cuando no sean jerárquicamente dependientes.

b) No podrán ser objeto de delegación las competencias relativas a asuntos que se refieran a las relaciones con las Asambleas Legislativas de las Comunidades Autónomas.

c) Se podrán delegar las competencias relativas a asuntos que se refieran a las relaciones con las Cortes Generales.

d) Podrá ser objeto de delegación la resolución de recursos en los órganos administrativos que hayan dictado los actos objeto de recurso.

En MADTEST tienes **más preguntas de este tema**, y todos tus avances quedan registrados y se reflejan en el ranking.

¡Supera tus límites con MADTEST!

Solución al test n.º 6

1. c) Es irrenunciable y se ejercerá por los órganos administrativos que la tengan atribuida como propia, salvo los casos de delegación o avocación, en los términos previstos en la ley.

2. b) La adopción de disposiciones de carácter general.

3. a) Tener interés personal en el asunto de que se trate o en otro en cuya resolución pudiera influir la de aquel, ser administrador de sociedad o entidad interesada, o tener cuestión litigiosa pendiente con algún interesado.

4. c) El interesado.

5. c) Tener parentesco de afinidad dentro del cuarto grado, con cualquiera de los interesados, con los administradores de entidades o sociedades interesadas y también con los asesores, representantes legales o mandatarios que intervengan en el procedimiento.

6. a) Será revocable en cualquier momento por el órgano que la haya conferido.

7. c) Coordinación, descentralización, jerarquía, eficacia y desconcentración.

8. c) Participación, objetividad y transparencia de la actuación administrativa.

9. a) Buena fe, confianza legítima y lealtad institucional.

10. b) A través de medios electrónicos, que aseguren la interoperabilidad y seguridad de los sistemas y soluciones adoptadas por cada una de ellas, garantizando la protección de los datos de carácter personal, y facilitando preferentemente la prestación conjunta de servicios a los interesados.

11. a) Cada Administración Pública actúa para el cumplimiento de sus fines con personalidad jurídica única.

12. c) La dotación de los créditos necesarios para su puesta en marcha y funcionamiento.

13. b) Es irrenunciable.

14. d) Salvo los casos de avocación o delegación la competencia es irrenunciable.

15. b) No podrán ser objeto de delegación las competencias relativas a asuntos que se refieran a las relaciones con las Asambleas Legislativas de las Comunidades Autónomas.

La Ley 39/2015, de 1 de octubre, del procedimiento administrativo común de las Administraciones Públicas: Título Preliminar, Disposiciones generales; Título I, De los interesados en el procedimiento; Título II, De la actividad de las Administraciones Públicas; Título III, De los actos administrativos

1. ¿A qué capacidad se refiere el art. 3 de la Ley 39/2015, de 1 de diciembre, en relación con las personas físicas?

a) A la capacidad jurídica.

b) A la capacidad para ser titular de derechos subjetivos.

c) A la capacidad para ser titular de deberes jurídicos.

d) A la capacidad de obrar.

2. Los menores de edad, ¿tienen capacidad de obrar ante las Administraciones Públicas?

a) Sí, en todo caso, para el ejercicio y defensa de aquellos de sus derechos e intereses cuya actuación esté permitida por el ordenamiento jurídico sin la asistencia de la persona que ejerza la patria potestad, tutela o curatela.

b) No, en ningún caso; únicamente tendrán capacidad de obrar ante las Administraciones Públicas, las personas físicas mayores de edad no incapacitadas.

c) Sí, para el ejercicio y defensa de aquellos de sus derechos e intereses cuya actuación esté permitida por el ordenamiento jurídico sin la asistencia de la persona que ejerza la patria potestad, tutela o curatela, aunque sean menores incapacitados, siempre que la extensión de la incapacitación no afecte al ejercicio y defensa de los derechos o intereses de que se trate.

d) Sí, excepto los menores incapacitados.

3. Excepto el supuesto previsto por el artículo 3.b) de la Ley 39/2015, de 1 de octubre, los menores de edad no tienen capacidad de obrar ante las Administraciones Públicas, y necesitan de la asistencia de la persona que ejerza la patria potestad, tutela o curatela. En relación con la patria potestad, señala cuál de los siguientes enunciados es incorrecto:

a) La patria potestad, como responsabilidad parental, se ejercerá siempre en interés de los hijos, de acuerdo con su personalidad, y con respeto a sus derechos, su integridad física y mental.

b) El ejercicio de la patria potestad comprende representar a sus hijos y administrar sus bienes.

c) Los hijos emancipados están bajo la patria potestad de los progenitores.

d) Si los hijos tuvieren suficiente madurez deberán ser oídos siempre antes de adoptar decisiones que les afecten.

4. ¿Quiénes de los siguientes están sujetos a tutela?

a) Los menores emancipados que estén bajo la patria potestad.

b) Los menores no emancipados que no estén bajo la patria potestad.

c) Los menores emancipados que no estén bajo la patria potestad.

d) Los hijos no emancipados.

5. ¿Cuál de las siguientes características se vincula con la institución de la curatela del menor a que hace referencia el art. 3.b) de la Ley 39/2015, de 1 de octubre?

a) El curador no cuida de la persona sujeta a curatela, sino de su patrimonio.

b) La función del curador es la de complementar la capacidad del menor en todos aquellos actos o negocios jurídicos que no puede realizar por sí mismo.

c) El curador tiene cura de la persona sujeta a curatela, pero no de su patrimonio.

d) El curador tiene cura de la persona sujeta a curatela y de su patrimonio.

6. Los patrimonios independientes o autónomos, ¿tienen capacidad de obrar ante las Administraciones Públicas?

a) Sí.

b) No.

c) Siempre que la ley así lo declare expresamente.

d) Los patrimonios independientes o autónomos tienen reconocida capacidad jurídica ante las Administraciones Públicas en aplicación del artículo 3 de la Ley 39/2015, de 1 de octubre.

7. Tendrán capacidad de obrar ante las Administraciones Públicas las personas jurídicas que ostenten capacidad de obrar con arreglo a las normas civiles. ¿En qué momento adquirirán esta capacidad?

a) Desde el instante mismo en que, con arreglo a derecho, hubiesen quedado válidamente constituidas.

b) Las personas jurídicas adquirirán su capacidad de obrar en los mismos términos que las personas físicas.

c) En el momento en que finalice su personalidad.

d) Las personas jurídicas no tienen capacidad de obrar ante las Administraciones Públicas sino capacidad jurídica.

8. En aplicación del art. 3 de la Ley 39/2015, de 1 de octubre, NO tendrán capacidad de obrar ante las Administraciones Públicas:

a) Las personas físicas incapacitadas.

b) Las personas jurídicas que ostenten capacidad de obrar con arreglo a las normas civiles.

c) Los menores de edad para el ejercicio y defensa de aquellos de sus derechos e intereses cuya actuación esté permitida por el ordenamiento jurídico sin la asistencia de la persona que ejerza la patria potestad, tutela o curatela.

d) Las asociaciones de interés público reconocidas por la ley.

9. ¿Una persona declarada pródiga tiene capacidad de obrar plena ante las Administraciones Públicas?

a) Sí; las personas físicas tienen capacidad de obrar ante las Administraciones Públicas.

b) No; puede estar sujeta a tutela.

c) No; puede estar sujeta a curatela.

d) No; está sujeta a la patria potestad de sus progenitores.

10. La Ley 40/2015, de 1 de octubre, de régimen jurídico del sector público, ¿establece alguna regulación sobre la capacidad de obrar de los interesados ante las Administraciones Públicas?

a) Sí, en su artículo 3.

b) Sí, en tanto la Ley 40/2015, de 1 de octubre, tiene por objeto regular el procedimiento administrativo común a todas las Administraciones Públicas.

c) No, en tanto la Ley 40/2015, de 1 de octubre, únicamente tiene por objeto regular los principios a los que se ha de ajustar el ejercicio de la iniciativa legislativa y la potestad reglamentaria.

d) No.

11. Una persona que quiera participar en un proceso selectivo para cubrir plazas en una Administración Pública, ¿se considera interesada en el procedimiento administrativo?

a) Sí, en aplicación del artículo 4.1.a) de la Ley 39/2015, de 1 de octubre.

b) Sí, en aplicación del artículo 4.1.b) de la Ley 39/2015, de 1 de octubre.

c) Sí, en aplicación del artículo 4.1.c) de la Ley 39/2015, de 1 de octubre.

d) No, en tanto el procedimiento lo ha promovido la Administración y no la persona interesada.

12. En un procedimiento de expropiación forzosa, una persona reclama para sí la titularidad de una parcela que no está a su nombre; ¿tendrá la consideración de persona interesada en el procedimiento administrativo?

a) Sí, en aplicación del artículo 4.1.a) de la Ley 39/2015, de 1 de octubre.

b) Sí, en aplicación del artículo 4.1.b) de la Ley 39/2015, de 1 de octubre.

c) Sí, en aplicación del artículo 4.1.c) de la Ley 39/2015, de 1 de octubre.

d) No, en tanto el procedimiento lo ha promovido la Administración y no la persona interesada.

13. En un procedimiento de expropiación forzosa, el titular de un bien inmueble objeto de expropiación, ¿tendrá la consideración de interesado en el procedimiento administrativo?

a) Sí, en aplicación del artículo 4.1.a) de la Ley 39/2015, de 1 de octubre.
b) Sí, en aplicación del artículo 4.1.b) de la Ley 39/2015, de 1 de octubre.
c) Sí, en aplicación del artículo 4.1.c) de la Ley 39/2015, de 1 de octubre.
d) Sí, en aplicación del artículo 4.2 de la Ley 39/2015, de 1 de octubre.

14. ¿Qué interés se reconocería a los Colegios Profesionales para intervenir en el procedimiento de homologación de títulos obtenidos en el extranjero?

a) Interés legítimo individual de cada uno de los profesionales que integran los Colegios Profesionales.
b) Derechos subjetivos de los poseedores de los títulos que van a ser objeto de homologación.
c) Intereses legítimos colectivos.
d) Intereses sociales.

15. La titular de un establecimiento de restauración en Benidorm, quiere solicitar al Ayuntamiento una autorización para proceder a la ocupación de un espacio de uso público con mesas, sillas y sombrillas para su negocio. ¿Tendrá la consideración de interesada en el procedimiento administrativo de autorización?

a) Sí, en aplicación del artículo 4.1.a) de la Ley 39/2015, de 1 de octubre.
b) Sí, en aplicación del artículo 4.1.b) de la Ley 39/2015, de 1 de octubre.
c) Sí, en aplicación del artículo 4.1.c) de la Ley 39/2015, de 1 de octubre.
d) Sí, en aplicación del artículo 4.2 de la Ley 39/2015, de 1 de octubre.

En MADTEST tienes **más preguntas de este tema**, y todos tus avances quedan registrados y se reflejan en el ranking.

¡Supera tus límites con MADTEST!

Solución al test n.º 7

1. d) A la capacidad de obrar.

2. c) Sí, para el ejercicio y defensa de aquellos de sus derechos e intereses cuya actuación esté permitida por el ordenamiento jurídico sin la asistencia de la persona que ejerza la patria potestad, tutela o curatela, aunque sean menores incapacitados, siempre que la extensión de la incapacitación no afecte al ejercicio y defensa de los derechos o intereses de que se trate.

3. c) Los hijos emancipados están bajo la patria potestad de los progenitores.

4. b) Los menores no emancipados que no estén bajo la patria potestad.

5. b) La función del curador es la de complementar la capacidad del menor en todos aquellos actos o negocios jurídicos que no puede realizar por sí mismo.

6. c) Siempre que la ley así lo declare expresamente.

7. a) Desde el instante mismo en que, con arreglo a derecho, hubiesen quedado válidamente constituidas.

8. a) Las personas físicas incapacitadas.

9. c) No; puede estar sujeta a curatela.

10. d) No.

11. b) Sí, en aplicación del artículo 4.1.b) de la Ley 39/2015, de 1 de octubre.

12. c) Sí, en aplicación del artículo 4.1.c) de la Ley 39/2015, de 1 de octubre.

13. b) Sí, en aplicación del artículo 4.1.b) de la Ley 39/2015, de 1 de octubre.

14. c) Intereses legítimos colectivos.

15. a) Sí, en aplicación del artículo 4.1.a) de la Ley 39/2015, de 1 de octubre.

TEST N.º 8

La Ley 39/2015, de 1 de octubre, del procedimiento administrativo común de las Administraciones Públicas: Título IV, De las disposiciones sobre el procedimiento administrativo común

1. Los que tuvieren la condición de interesados en un procedimiento administrativo, podrán conocer del estado de la tramitación del mismo:

a) En el trámite de audiencia.
b) En el trámite de información pública.
c) En cualquier momento
d) Solo cuando lo permita el instructor del procedimiento.

2. Las medidas provisionales adoptadas antes de la iniciación del procedimiento administrativo, deberán ser confirmadas, modificadas o levantadas en el acuerdo de iniciación del procedimiento, que deberá efectuarse:

a) Dentro de los quince días siguientes a su adopción, pudiendo ser recurrido.
b) Dentro de los veinte días siguientes a su adopción, pudiendo de ser recurrido.
c) Dentro de los diez días siguientes a su adopción, sin posibilidad de ser recurrido.
d) Dentro de los veinte días siguientes a su adopción, sin posibilidad de ser recurrido.

3. Cuando el acuerdo de iniciación del procedimiento no contenga un pronunciamiento expreso acerca de las medidas provisionales previas, dichas medidas:

a) Se mantendrán, hasta la fase de alegaciones.
b) Se mantendrán, salvo que haya recurso pendiente.
c) Se prorrogaran por quince días.
d) Quedarán sin efecto.

4. Los procedimientos de naturaleza sancionadora se iniciarán:

a) De oficio o a instancia de parte.
b) Siempre a instancia de parte.
c) Siempre de oficio.
d) En virtud de denuncia.

5. Si la solicitud de iniciación del procedimiento administrativo no reúne los requisitos recogidos en la Ley 39/2015 u otros exigidos por la legislación específica aplicable:

a) Se inadmitirá la solicitud presentada por el interesado.

b) Se le dará un plazo de cinco días para que vuelva a presentar la solicitud correctamente.

c) Se le dará un plazo de veinte días para que subsane la falta o acompañe los documentos preceptivos.

d) Se le dará un plazo de diez días para que subsane la falta o acompañe los documentos preceptivos.

6. ¿Suspenderá la tramitación del procedimiento las cuestiones incidentales que se susciten en el mismo?

a) No.

b) Sí.

c) No, salvo las que se refieran a la nulidad de actuaciones.

d) No, incluso las relativas a la recusación no se suspenderán.

7. Señala cuál de las siguientes no podrá adoptarse como medidas provisionales en un procedimiento administrativo:

a) Embargo preventivo de bienes.

b) Inmovilización de cosa mueble.

c) Retirada o intervención de bienes productivos.

d) Suspensión definitiva de actividades.

8. El interesado en el procedimiento administrativo tiene derecho:

a) A formular alegaciones y a utilizar los medios de defensa admitidos por el Ordenamiento Jurídico en cualquier fase del procedimiento.

b) A formular alegaciones, a utilizar los medios de defensa admitidos por el Ordenamiento Jurídico, y a aportar documentos en cualquier fase del procedimiento anterior al trámite de audiencia.

c) A formular alegaciones y a utilizar los medios de defensa admitidos por el Ordenamiento Jurídico en cualquier fase del procedimiento, pero solo podrá aportar documentos con posterioridad al trámite de audiencia.

d) A formular alegaciones y a utilizar los medios de defensa admitidos por el Ordenamiento Jurídico en cualquier fase del procedimiento anterior al dictado de la resolución por la que se pone fin al procedimiento.

9. Contra el acuerdo de acumulación de procedimientos:

a) Cabe recurso de revisión.

b) Cabe recurso extraordinario de revisión.

c) No cabe recurso alguno.

d) Cabe recurso de alzada.

10. Los procedimientos administrativos que no tengan naturaleza sancionadora se podrán iniciar:

a) Por acuerdo del órgano competente o a petición razonada de otros órganos.

b) Por acuerdo del órgano competente, bien por propia iniciativa o como consecuencia de orden superior, a petición razonada de otros órganos o por denuncia.

c) Por denuncia solamente.

d) De oficio siempre.

11. Cuando el procedimiento se iniciara por una denuncia en la que se invocara un perjuicio en el patrimonio de las Administraciones Públicas:

a) La no iniciación del procedimiento deberá ser motivada y se notificará a los denunciantes la decisión de si se ha iniciado o no el procedimiento.

b) La iniciación del procedimiento deberá ser motivada y no se notificará a los denunciantes, si el instructor lo considera oportuno.

c) La no iniciación del procedimiento quedará a la decisión del instructor, sin necesidad de motivarla, salvo a petición del denunciante.

d) La no iniciación del procedimiento nunca deberá ser motivada.

12. Los interesados podrán solicitar el inicio de un procedimiento de responsabilidad patrimonial:

a) Siempre.

b) Dentro de los cuatro años siguientes a aquel en que se produjo el acto que motiva la indemnización.

c) Si así se dispone por sentencia.

d) Cuando no haya prescrito su derecho a reclamar.

13. El plazo de subsanación de la solicitud de iniciación del procedimiento podrá ampliarse prudencialmente, cuando la aportación de los documentos requeridos presente dificultades especiales:

a) Hasta cinco días.

b) Hasta diez días.

c) Hasta quince días.

d) Siempre por diez días más.

14. En los procedimientos de naturaleza sancionadora, ¿cuál de los siguientes no es un derecho de los presuntos responsables?

a) A ser notificado de la identidad del instructor.

b) A saber quién es la autoridad competente para imponer la sanción.

c) A ser informado de sus derechos procesales penales.

d) A ser notificado de los hechos que se le imputen.

15. ¿Hay presunción de existencia de responsabilidad administrativa mientras no se demuestre lo contrario?

a) Sí, salvo excepciones.
b) Nunca.
c) Solo en los procedimientos de naturaleza sancionadora.
d) Siempre.

En MADTEST tienes **más preguntas de este tema,** y todos tus avances quedan registrados y se reflejan en el ranking.

¡Supera tus límites con MADTEST!

Solución al test n.º 8

1. c) En cualquier momento.

2. a) Dentro de los quince días siguientes a su adopción, pudiendo ser recurrido.

3. d) Quedarán sin efecto.

4. c) Siempre de oficio.

5. d) Se le dará un plazo de diez días para que subsane la falta o acompañe los documentos preceptivos.

6. a) No.

7. d) Suspensión definitiva de actividades.

8. b) A formular alegaciones, a utilizar los medios de defensa admitidos por el Ordenamiento Jurídico, y a aportar documentos en cualquier fase del procedimiento anterior al trámite de audiencia.

9. c) No cabe recurso alguno.

10. b) Por acuerdo del órgano competente, bien por propia iniciativa o como consecuencia de orden superior, a petición razonada de otros órganos o por denuncia.

11. a) La no iniciación del procedimiento deberá ser motivada y se notificará a los denunciantes la decisión de si se ha iniciado o no el procedimiento.

12. d) Cuando no haya prescrito su derecho a reclamar.

13. a) Hasta cinco días.

14. c) A ser informado de sus derechos procesales penales.

15. b) Nunca.

D. Función Pública

TEST N.º 9

**La Ley 4/2021, de 16 de abril, de la Función Pública Valenciana:
Título I, Objeto, principios y ámbito de aplicación de la Ley;
Título III, Personal al servicio de las Administraciones Públicas;
Título V, Nacimiento y extinción de la relación de servicio; Título VI,
Derechos, deberes e incompatibilidades del personal empleado público**

1. Según el artículo 2 de la Ley 4/2021, uno de los principios informadores de esta ley es la objetividad, profesionalidad, transparencia, integridad, imparcialidad y:

a) Austeridad.
b) Jerarquía.
c) Coordinación.
d) Participación.

2. Sin perjuicio de que puedan dictarse disposiciones reglamentarias específicas para adecuarla a las peculiaridades propias del sector, la Ley 4/2021 se aplicará:

a) Al personal investigador al servicio de la Generalitat.
b) Al personal funcionario o laboral empleado público gestionado por la conselleria competente en materia de sanidad.
c) Al personal al servicio de las Corts Valencianes.
d) Los consorcios adscritos a la Generalitat.

3. ¿Cuáles son los dos tipos de funcionarios que contempla la Ley 4/2021, de 16 de abril, de la Función Pública Valenciana?

a) Fijos y temporales.
b) Civiles y militares.
c) De carrera e interinos.
d) Profesionales y de prácticas.

4. Según el artículo 18 de la Ley 4/2021, una de las circunstancias que puede dar lugar al nombramiento de personal interino es:

a) La existencia de puestos de trabajo vacantes cuando no sea posible su cobertura por personal funcionario de carrera, por un máximo de dos años.

b) La sustitución transitoria de la persona titular de un puesto de trabajo, durante un máximo de seis meses.

c) La ejecución de programas de carácter temporal, con una duración, en ningún caso, superior a dos años.

d) El exceso o acumulación de tareas, de carácter excepcional y circunstancial, por un plazo máximo de nueve meses dentro de un período de dieciocho meses.

5. Los funcionarios interinos serán nombrados por razones expresamente justificadas de necesidad y:

a) Economía.
b) Eficacia.
c) Urgencia.
d) Calidad.

6. El personal laboral al servicio de la Administración de la Generalitat Valenciana no puede desempeñar puestos:

a) Correspondientes a áreas de actividades que requieran conocimientos técnicos especializados.

b) En el extranjero con funciones administrativas de trámite y colaboración y auxiliares, aunque comporten manejo de máquinas, archivo y similares.

c) Cuyas actividades sean propias de oficios.

d) Que impliquen la participación directa o indirecta en la salvaguardia de los intereses generales del Estado y de las Administraciones Públicas.

7. En relación al personal eventual al servicio de la Generalitat Valenciana, es cierto que:

a) La prestación de servicios como personal eventual constituirá mérito para el acceso al empleo público.

b) El personal eventual puede realizar actividades ordinarias de gestión o de carácter técnico.

c) Realiza con carácter permanente funciones expresamente calificadas como de confianza o asesoramiento especial.

d) Cesará automáticamente cuando cese la autoridad a la que presta su función asesora o de confianza.

8. El número de puestos en la Administración de la Generalitat Valenciana cubiertos por personal eventual:

a) Es indefinido e ilimitado.
b) Está limitado por un máximo establecido por el Consell.
c) Está limitado a tres por cada órgano superior de la Administración Pública.
d) No puede hacerse público, puesto que se trata de personal de confianza.

9. En relación al acceso de personal funcionario de carrera a la Dirección Pública Profesional en la Administración de la Generalitat, es cierto que:

a) Solo podrán acceder quienes pertenezcan a cualquiera de los cuerpos o escalas del Grupo A.
b) Es necesario tener una antigüedad en el Grupo A de al menos 10 años.
c) Es imprescindible ser personal funcionario de carrera de la Administración de la Generalitat.
d) Se requiere tener reconocido, al menos, un nivel competencial 24 y el grado de desarrollo profesional II.

10. No es cierto que, la relación de puestos de trabajo específica de la Dirección Pública Profesional:

a) Se incluirá en la misma relación con la totalidad de puestos de trabajo de naturaleza funcionarial, laboral y eventual.
b) Tendrá carácter público.
c) Será publicada en el Diari Oficial de la Generalitat Valenciana.
d) No es materia obligatoria de negociación colectiva.

11. Según el artículo 25 de la Ley 4/2021, el procedimiento de nombramiento del personal directivo público profesional atenderá a los principios de publicidad, mérito y capacidad, así como al de:

a) Transparencia.
b) Idoneidad.
c) Economía.
d) Participación.

12. Respecto a las condiciones de empleo del personal directivo público profesional de la Generalitat Valenciana, es cierto que:

a) Tendrá la consideración de alto cargo.
b) El cese en los puestos que integran la dirección pública profesional tendrá carácter discrecional, con derecho a indemnización.

c) Las retribuciones del personal que desempeñe puestos que integran la Dirección Pública Profesional tendrán una parte fija, en los mismos términos y condiciones que las previstas para el personal funcionario de carrera, y un complemento de actividad profesional.

d) La determinación de las condiciones de empleo del personal directivo público profesional será fijada por el Consell, no teniendo la consideración de materia obligatoria objeto de negociación colectiva.

13. Según el artículo 60.2 de la Ley 4/2021, en los procedimientos de selección de personal, todos los programas de materias deberán incluir contenidos sobre:

a) La protección de datos de carácter personal.
b) La prevención y erradicación de la violencia de género.
c) El principio de igualdad efectiva de mujeres y hombres en los diversos ámbitos de la función pública.
d) La transparencia de la actividad pública.

14. ¿Cuál es la edad mínima para poder participar en los procesos selectivos de acceso al empleo público de la Administración de la Generalitat Valenciana?

a) 14 años.
b) 16 años.
c) 17 años.
d) 18 años.

15. El artículo 64 de la Ley 4/2021, establece que, en todas las ofertas de empleo público se reservará un cupo de las vacantes para ser cubiertas entre personas con discapacidad o diversidad funcional, no inferior al:

a) 3% de las vacantes.
b) 5% de las vacantes.
c) 7% de las vacantes.
d) 10% de las vacantes.

En MADTEST tienes **más preguntas de este tema**, y todos tus avances quedan registrados y se reflejan en el ranking.

¡Supera tus límites con MADTEST!

Solución al test n.º 9

1. a) Austeridad.

2. b) Al personal funcionario o laboral empleado público gestionado por la conselleria competente en materia de sanidad.

3. c) De carrera e interinos.

4. d) El exceso o acumulación de tareas, de carácter excepcional y circunstancial, por un plazo máximo de nueve meses dentro de un período de dieciocho meses.

5. c) Urgencia.

6. d) Que impliquen la participación directa o indirecta en la salvaguardia de los intereses generales del Estado y de las Administraciones Públicas.

7. d) Cesará automáticamente cuando cese la autoridad a la que presta su función asesora o de confianza.

8. b) Está limitado por un máximo establecido por el Consell.

9. d) Se requiere tener reconocido, al menos, un nivel competencial 24 y el grado de desarrollo profesional II.

10. a) Se incluirá en la misma relación con la totalidad de puestos de trabajo de naturaleza funcionarial, laboral y eventual.

11. a) Transparencia.

12. d) La determinación de las condiciones de empleo del personal directivo público profesional será fijada por el Consell, no teniendo la consideración de materia obligatoria objeto de negociación colectiva.

13. c) El principio de igualdad efectiva de mujeres y hombres en los diversos ámbitos de la función pública.

14. b) 16 años.

15. d) 10% de las vacantes.

TEST N.º 10

**El Decreto 42/2019, de 22 de marzo, del Consell,
de regulación de las condiciones de trabajo del personal
funcionario de la Administración de la Generalitat**

1. A efectos del Decreto 42/2019, de 22 de marzo, del Consell, de regulación de las condiciones de trabajo del personal funcionario de la Administración de la Generalitat, la relación de dependencia que implica convivencia se define como:

a) Guarda legal o custodia.
b) Tener a su cargo.
c) Cuidado directo.
d) Relación de dependencia.

2. El horario de permanencia obligatoria del personal podrá flexibilizarse en dos horas diarias a solicitud de las personas interesadas en el caso de ser padre o madre de familia monoparental, hasta el día en que cumpla el o la menor de los hijos o hijas:

a) 12 años de edad.
b) 14 años de edad.
c) 15 años de edad.
d) 16 años de edad.

3. La duración de la jornada del personal que desempeñe puestos de trabajo considerados de especial dedicación será de:

a) Treinta y siete horas semanales.
b) Treinta y siete horas y treinta minutos semanales.
c) Treinta y cinco horas y treinta minutos semanales.
d) Treinta y cinco horas semanales.

4. La jornada laboral general del personal que desempeñe puestos de trabajo con componente de desempeño del complemento de puesto de trabajo inferior a los establecidos para el personal que desempeñe puestos de trabajo considerados de especial dedicación será de:

a) Treinta y siete horas semanales.
b) Treinta y siete horas y treinta minutos semanales.

c) Treinta y cinco horas y treinta minutos semanales.
d) Treinta y cinco horas semanales.

5. En todo caso, entre el final de una jornada y el comienzo de la siguiente mediarán, como mínimo:

a) Veinticuatro horas.
b) Dieciocho horas.
c) Quince horas.
d) Doce horas.

6. Señala la respuesta correcta:

a) El cómputo anual de la jornada se calculará descontando a las horas anuales equivalentes a 52 semanas y un día de trabajo 12 días de fiestas de ámbito superior.
b) El cómputo anual de la jornada se calculará descontando a las horas anuales equivalentes a 52 semanas y un día de trabajo 8 días por permiso por asuntos propios más los días compensatorios que puedan aprobarse, en su caso.
c) El cómputo anual de la jornada se calculará descontando a las horas anuales equivalentes a 52 semanas y un día de trabajo 3 días de fiestas locales.
d) El cómputo anual de la jornada se calculará descontando a las horas anuales equivalentes a 52 semanas y un día de trabajo 21 días hábiles de vacaciones.

7. Durante la semana de fiestas locales correspondiente a cada emplazamiento, el horario de servicio de información administrativa general y registro de documentos que regirá será de:

a) 08.00h a 14.00h, de lunes a viernes.
b) 09.00h a 15.00h, de lunes a viernes.
c) 09.00h a 14.00h, de lunes a viernes.
d) 09.30h a 14.30h, de lunes a viernes.

8. Se tendrá derecho a la reducción de jornada hasta la mitad de la misma, con disminución proporcional de retribuciones por razones de guarda legal, cuando el personal tenga a su cargo:

a) Algún niño o niña, persona que requiera especial dedicación, o persona con un grado de discapacidad física, psíquica o sensorial igual o superior al 33 % que no desempeñe actividad retribuida que supere el salario mínimo interprofesional.
b) Algún niño o niña de 12 años o menor, persona que requiera especial dedicación, o persona con un grado de discapacidad física, psíquica o sensorial igual o superior al 30 % que no desempeñe actividad retribuida que supere el salario mínimo interprofesional.

c) Algún niño o niña de 12 años o menor, persona mayor que requiera especial dedicación, o persona con un grado de discapacidad física, psíquica o sensorial igual o superior al 33 % que no desempeñe actividad retribuida que supere el salario mínimo interprofesional.

d) Algún niño o niña, persona mayor que requiera especial dedicación, o persona con un grado de discapacidad física, psíquica o sensorial igual o superior al 35 % que no desempeñe actividad retribuida que supere el salario mínimo interprofesional.

9. El personal que ocupe puestos de trabajo con componente de desempeño del complemento de puesto de trabajo que comporten una jornada de 35 horas semanales, podrá solicitar una jornada reducida, continua e ininterrumpida de las 9 a las 14 horas, o las equivalentes si el puesto desempeñado está sujeto a turnos, percibiendo:

a) Un 80 % del total de sus retribuciones.
b) Un 75 % del total de sus retribuciones.
c) Un 70 % del total de sus retribuciones.
d) Un 65 % del total de sus retribuciones.

10. Se podrá solicitar reducción de jornada de una hora diaria sin disminución de retribuciones en el caso de guarda legal de niñas o niños de 12 años o menores, cuando concurra alguno de los siguientes supuestos:

a) Que se trate de familia monoparental.
b) Que el menor requiera especial dedicación.
c) Que la niña o niño tenga 3 años o menos.
d) Todas las respuestas son correctas.

11. Cuando el personal se reincorpore al servicio efectivo tras la finalización de un tratamiento oncológico podrá solicitar:

a) Durante el plazo máximo de tres meses desde la fecha del alta médica, una reducción de hasta el 25 % de la jornada sin reducción de haberes.
b) Durante el plazo máximo de dos meses desde la fecha del alta médica, una reducción de hasta el 50 % de la jornada sin reducción de haberes.
c) Durante el plazo máximo de un mes desde la fecha del alta médica, una reducción de hasta el 30 % de la jornada sin reducción de haberes.
d) Durante el plazo máximo de un mes desde la fecha del alta médica, una reducción de hasta el 25 % de la jornada sin reducción de haberes.

12. Sin perjuicio de su acreditación por cualquiera de los medios admitidos en Derecho, con carácter general la condición de familia monoparental se acreditará mediante:

a) El libro o libros de familia.
b) El título correspondiente expedido por la Conselleria con competencias en la materia.
c) Certificación del Registro Civil.
d) Certificado de empadronamiento expedido por el ayuntamiento de residencia.

13. Respecto a las reducciones de jornada, el personal deberá informar al órgano competente en materia de personal que se reincorporará a su jornada ordinaria con una antelación a la misma de:

a) Un mes.
b) Veinte días.
c) Quince días.
d) Diez días.

14. El personal cuyo centro de trabajo radique en la ciudad de Valencia o en aquellos otros municipios de la provincia donde se celebren fiestas de fallas quedará exento de la asistencia al trabajo el día:

a) 19 de marzo.
b) 18 de marzo.
c) 15 de marzo.
d) 12 de marzo.

15. El horario de trabajo durante la semana de fiestas de cada municipio de la Comunidad Valenciana en que radique el puesto de trabajo será de:

a) 09.30 a 13.30 horas.
b) 09.30 a 14.00 horas.
c) 09.00 a 14.00 horas.
d) 09.00 a 13.30 horas.

Solución al test n.º 10

1. c) Cuidado directo.

2. c) 15 años de edad.

3. b) Treinta y siete horas y treinta minutos semanales.

4. d) Treinta y cinco horas semanales.

5. d) Doce horas.

6. a) El cómputo anual de la jornada se calculará descontando a las horas anuales equivalentes a 52 semanas y un día de trabajo 12 días de fiestas de ámbito superior.

7. c) 09.00h a 14.00h, de lunes a viernes.

8. c) Algún niño o niña de 12 años o menor, persona mayor que requiera especial dedicación, o persona con un grado de discapacidad física, psíquica o sensorial igual o superior al 33 % que no desempeñe actividad retribuida que supere el salario mínimo interprofesional.

9. b) Un 75 % del total de sus retribuciones.

10. d) Todas las respuestas son correctas.

11. d) Durante el plazo máximo de un mes desde la fecha del alta médica, una reducción de hasta el 25 % de la jornada sin reducción de haberes.

12. b) El título correspondiente expedido por la Conselleria con competencias en la materia.

13. c) Quince días.

14. b) 18 de marzo.

15. c) 09.00 a 14.00 horas.

TEST N.º 11

La Ley 31/1995, de 8 de noviembre, de Prevención de Riesgos Laborales: Capítulo I, Objeto, ámbito de aplicación y definiciones; Capítulo III, Derechos y obligaciones

1. La Ley 31/1995, de 8 de noviembre, de Prevención de Riesgos Laborales, será de aplicación a:

a) A las Fuerzas Armadas y actividades militares de la Guardia Civil.
b) A los servicios de resguardo aduanero.
c) A los servicios operativos de protección civil y peritaje forense fuera de los casos de grave riesgo, catástrofe y calamidad pública.
d) A los servicios de policía y seguridad.

2. Se entenderá como riesgo laboral grave e inminente aquel que resulte:

a) Seguro racionalmente que se materialice en un futuro inmediato y pueda suponer un daño para la salud de los trabajadores.
b) Seguro racionalmente que se materialice en un futuro inmediato y pueda suponer un daño grave para la salud de los trabajadores.
c) Probable racionalmente que se materialice en un futuro inmediato y pueda suponer un daño grave para la salud de los trabajadores.
d) Probable racionalmente que se materialice en un futuro inmediato y pueda suponer un daño para la salud de los trabajadores.

3. Aquellos procesos, actividades, operaciones, equipos o productos que, en ausencia de medidas preventivas específicas, originen riesgos para la seguridad y la salud de los trabajadores que los desarrollan o utilizan, son considerados por la Ley 31/1995, de 8 de noviembre, como:

a) Sumamente peligrosos.
b) Peligrosos.
c) Altamente peligrosos.
d) Potencialmente peligrosos.

4. Se considerarán como daños derivados del trabajo:

a) Cualquier lesión que sufra el trabajador en su vida diaria.
b) Las enfermedades, patologías o lesiones sufridas con motivo u ocasión del trabajo.
c) Los accidentes y enfermedades que pueda sufrir un trabajador.
d) Las enfermedades profesionales y riesgos no laborales.

5. ¿Qué artículo del Capítulo I de la Ley 31/1995, de 8 de noviembre, de prevención de Riesgos Laborales, regula su ámbito de aplicación?

a) El artículo 1.
b) El artículo 2.
c) El artículo 3.
d) El artículo 4.

6. Se entiende por riesgo laboral grave e inminente:

a) Aquel que resulte probable racionalmente que se materialice en un futuro mediato y pueda suponer un daño grave para la salud de los trabajadores.
b) Aquel que resulte probable racionalmente que se materialice en un futuro inmediato y pueda suponer un daño grave para la salud de los trabajadores.
c) Aquel que resulte cierto racionalmente que se materialice en un futuro inmediato y pueda suponer un daño grave para la salud de los trabajadores.
d) Aquel que resulte probable racionalmente que se materialice en un futuro inmediato o pueda suponer un daño grave la salud de los trabajadores.

7. Se entenderán como procesos, actividades, operaciones, equipos o productos potencialmente peligrosos aquellos que:

a) Originen riesgos para la seguridad y la salud de los trabajadores que los desarrollan o utilizan, en ausencia de medidas preventivas específicas.
b) Originen riesgos para la seguridad y la salud de los trabajadores que los desarrollan o utilizan, en ausencia de medidas preventivas generales o específicas.
c) Originen riesgos para la seguridad y la salud de los trabajadores que los desarrollan o utilizan, aunque existan medidas preventivas generales.
d) Originen riesgos para la seguridad y la salud de los trabajadores que los desarrollan o utiliza, aunque existan medidas preventivas específicas.

8. A efectos de la Ley 31/1995, de 8 de noviembre, de Prevención de Riesgos Laborales, es definido como el conjunto de actividades o medidas adoptadas o previstas en todas las fases de actividad de la empresa con el fin de evitar o disminuir los riesgos derivados del trabajo:

a) Equipo de protección individual (EPI).
b) Condición de trabajo.

c) Prevención.
d) Equipo de trabajo.

9. Se entiende como riesgo laboral a tenor de la Ley 31/1995, de 8 de noviembre, de Prevención de Riesgos Laborales:

a) Cualquier equipo destinado a ser llevado o sujetado por el trabajador para que le proteja de uno o varios riesgos que puedan amenazar su seguridad o su salud en el trabajo, así como cualquier complemento o accesorio destinado a tal fin.
b) Cualquier máquina, aparato, instrumento o instalación utilizada en el trabajo y que provoque peligro para la vida del trabajador.
c) La posibilidad de que un trabajador sufra un determinado daño derivado del trabajo.
d) Las enfermedades, patologías o lesiones sufridas con motivo u ocasión del trabajo.

10. Las disposiciones de carácter laboral contenidas en la Ley 31/1995, de 8 de noviembre y en sus normas reglamentarias tendrán en todo caso el carácter de Derecho necesario mínimo indisponible:

a) Pudiendo ser mejoradas y desarrolladas en los convenios colectivos.
b) No pudiendo ser reguladas en los convenios colectivos.
c) Pudiendo ser modificadas en los convenios colectivos.
d) No pudiendo ser mejoradas o desarrolladas en los convenios colectivos.

11. A tenor de la Ley de Prevención de Riesgos Laborales, se entenderá como «condición de trabajo» cualquier característica del mismo que pueda tener una influencia significativa en la generación de riesgos para la seguridad y la salud del trabajador. Queda excluida en esta definición:

a) La naturaleza de los agentes físicos, químicos y biológicos presentes en el ambiente de trabajo y sus correspondientes intensidades, concentraciones o niveles de presencia.
b) Todas aquellas características del trabajo, incluidas las relativas a su organización y ordenación, que influyan en la magnitud de los riesgos a que esté expuesto el trabajador.
c) Las características particulares de los locales, instalaciones, equipos, productos y demás útiles existentes en el centro de trabajo.
d) Los procedimientos para la utilización de los agentes físicos, químicos y biológicos presentes en el ambiente de trabajo que influyan en la generación de los riesgos mencionados.

12. La Ley 31/1995, de 8 de noviembre, de Prevención de Riesgos Laborales, define riesgo laboral como:

a) La posibilidad de que un trabajador sufra un incidente en el trabajo.
b) La posibilidad de que un trabajador sufra una lesión corporal en el trabajo.
c) La posibilidad de que un trabajador sufra un accidente laboral en el trabajo.
d) La posibilidad de que un trabajador sufra un determinado daño derivado del trabajo.

13. A los efectos de la Ley 31/1995, de 8 de noviembre, se entiende como riesgo laboral:

a) La realización de procesos, actividades, operaciones que, en ausencia de medidas preventivas específicas, originen riesgos para la seguridad y la salud de los trabajadores.
b) La posibilidad de que un trabajador sufra un determinado daño derivado del trabajo.
c) Aquel que resulte probable racionalmente que se materialice en un futuro inmediato y pueda suponer un daño grave para la salud de los trabajadores.
d) Las enfermedades, patologías o lesiones sufridas con motivo u ocasión del trabajo.

14. Para calificar un riesgo desde el punto de vista de su gravedad, se valorarán conjuntamente:

a) La severidad del daño y las características de las condiciones de trabajo.
b) Las características de las condiciones de trabajo y la posibilidad de evitar el riesgo.
c) La probabilidad de que se produzca el daño y la severidad del mismo.
d) Que pueda suponer un daño grave para la salud de los trabajadores y la posibilidad de evitarlo.

15. La regulación actual de la Ley de Prevención de Riesgos Laborales tiene por objeto:

a) Promover la seguridad y la salud de los trabajadores.
b) Promover la seguridad y bienestar de los trabajadores.
c) Promover solo la seguridad de los trabajadores.
d) Promover solo la salud de los trabajadores.

En MADTEST tienes **más preguntas de este tema,** y todos tus avances quedan registrados y se reflejan en el ranking.

¡Supera tus límites con MADTEST!

Solución al test n.º 11

1. c) A los servicios operativos de protección civil y peritaje forense fuera de los casos de grave riesgo, catástrofe y calamidad pública.

2. c) Probable racionalmente que se materialice en un futuro inmediato y pueda suponer un daño grave para la salud de los trabajadores.

3. d) Potencialmente peligrosos.

4. b) Las enfermedades, patologías o lesiones sufridas con motivo u ocasión del trabajo.

5. c) El artículo 3.

6. b) Aquel que resulte probable racionalmente que se materialice en un futuro inmediato y pueda suponer un daño grave para la salud de los trabajadores.

7. a) Originen riesgos para la seguridad y la salud de los trabajadores que los desarrollan o utilizan, en ausencia de medidas preventivas específicas.

8. c) Prevención.

9. c) La posibilidad de que un trabajador sufra un determinado daño derivado del trabajo.

10. a) Pudiendo ser mejoradas y desarrolladas en los convenios colectivos.

11. c) Las características particulares de los locales, instalaciones, equipos, productos y demás útiles existentes en el centro de trabajo.

12. d) La posibilidad de que un trabajador sufra un determinado daño derivado del trabajo.

13. b) La posibilidad de que un trabajador sufra un determinado daño derivado del trabajo.

14. c) La probabilidad de que se produzca el daño y la severidad del mismo.

15. a) Promover la seguridad y la salud de los trabajadores.

E. Materias Transversales

TEST N.º 12

La Ley orgánica 3/2007, de 22 de marzo, para la igualdad efectiva de mujeres y hombres: Título Preliminar, Objeto y ámbito de la Ley; Título I, El principio de igualdad y la tutela contra la discriminación. La Ley 9/2003, de 2 de abril, de la Generalitat, para la igualdad de mujeres y hombres. Ley 4/2023, de 28 de febrero, para la igualdad real y efectiva de las personas trans y para la garantía de los derechos de las personas LGTBI: Deber de protección; Medidas en el ámbito administrativo. La Ley orgánica 1/2004, de 28 de diciembre, de medidas de protección integral contra la violencia de género: Título Preliminar

1. ¿Qué artículo de la Constitución proclama que los españoles son iguales ante la ley, sin que pueda prevalecer discriminación alguna por razón de nacimiento, raza, sexo, religión, opinión o cualquier otra condición o circunstancia personal o social?

a) Artículo 9.
b) Artículo 11.
c) Artículo 14.
d) Artículo 18.

2. ¿Qué artículo de la Constitución Española consagra la igualdad de todos los españoles ante la ley?

a) El artículo 8.
b) El artículo 14.
c) El artículo 21.
d) El artículo 27.

3. Según el artículo 9.2: de la Constitución, "corresponde a los poderes públicos .... las condiciones para que la libertad y la igualdad del individuo y de los grupos en que se integra sean reales y efectivas; .... los obstáculos que impidan o dificulten su plenitud y .... la participación de todos los ciudadanos en la vida política, económica, cultural y social.". ¿Qué tres verbos faltan en la anterior frase?

a) Promover, remover y facilitar.
b) Impulsar, superar y posibilitar.

c) Crear, eliminar y alentar.
d) Facilitar, disminuir y promover.

4. La ley que regula a nivel estatal la igualdad efectiva de mujeres y hombres, es:

a) La Ley 3/2007, de 12 de marzo.
b) La Ley Orgánica 22/2007, de 3 de abril.
c) La Ley Orgánica 3/2007, de 22 de marzo.
d) El Decreto Legislativo 7/2003, de 23 de mayo.

5. El objeto y el ámbito de aplicación de la Ley estatal para la Igualdad efectiva entre Mujeres y Hombres vienen recogidos en su:

a) Disposición Final Primera.
b) Disposición Adicional Primera.
c) Título Primero.
d) Título Preliminar.

6. Según su artículo 1, la LO 3/2007 tiene por objeto hacer efectivo el derecho de:

a) Conciliación de la vida laboral y familiar de mujeres y hombres.
b) Igualdad de trato y de oportunidades entre mujeres y hombres.
c) Participación en los asuntos públicos en igualdad de condiciones.
d) No discriminación por razón de sexo.

7. Las obligaciones establecidas en la LO 3/2007 son de aplicación a:

a) A toda persona, física o jurídica, que se encuentre o actúe en territorio español, cualquiera que fuese su nacionalidad, domicilio o residencia.
b) A todos los ciudadanos españoles, ya sea en territorio español o territorio de cualquier país extranjero.
c) A toda persona, física o jurídica, que se encuentre o actúe en territorio español, con nacionalidad española.
d) A toda persona, física o jurídica, que resida en territorio español, cualquiera que fuese su nacionalidad.

8. La LO 3/2007 entró en vigor el 24 de marzo de 2007, con una excepción que entró en vigor el 31 de diciembre de 2008:

a) Lo previsto en el artículo 19 sobre la obligatoriedad de los proyectos de disposiciones de carácter general de incorporar un informe sobre su impacto por razón de género.
b) Lo previsto en el artículo 44.3, referente al reconocimiento a los padres del derecho a un permiso y una prestación por paternidad.

c) Lo previsto en el artículo 49, sobre la implantación de planes de igualdad en las pequeñas y medianas empresas.

d) Lo previsto en el artículo 71.2, referente a costes relacionados con el embarazo y el parto en contratos de seguros o servicios financieros.

9. Según el texto literal del artículo 3 de la LO 3/2007, el principio de igualdad de trato entre mujeres y hombres no resulta aplicable a cualquier discriminación, directa o indirecta, por razón de sexo, y especialmente, las derivadas de:

a) La maternidad.
b) La tendencia sexual.
c) La asunción de obligaciones familiares.
d) El estado civil.

10. Según el artículo 4 de la LO 3/2007, la igualdad de trato y de oportunidades entre mujeres y hombres:

a) Es un deber de las Administraciones Públicas.
b) Es una fuente formal del Derecho.
c) Es un principio informador del ordenamiento jurídico.
d) Es un objetivo fundamental del procedimiento administrativo.

11. El principio de igualdad de trato y de oportunidades entre mujeres y hombres:

a) Solo se aplica en el ámbito del empleo público.
b) Se garantizará incluso en el acceso al trabajo por cuenta propia.
c) No se aplica en la afiliación y participación en organizaciones sindicales o empresariales.
d) Se garantizará en los términos que prevean los convenios colectivos.

12. La situación en que se encuentra una persona que sea, haya sido o pudiera ser tratada, en atención a su sexo, de manera menos favorable que otra en situación comparable se considera:

a) Discriminación directa.
b) Acoso sexual.
c) Discriminación indirecta.
d) Violencia de género.

13. Una diferencia de trato basada en una característica relacionada con el sexo, ¿constituye discriminación en el acceso al empleo?

a) Sí, en todo caso.
b) No, siempre que la formación necesaria se base en dicha característica.

c) No, siempre que dicha característica constituya un requisito profesional esencial y determinante.

d) No, si debido a la naturaleza de las actividades profesionales concretas o al contexto en el que se lleven a cabo, dicha característica constituye un requisito profesional esencial y determinante, siempre y cuando el objetivo sea legítimo y el requisito proporcionado.

14. En virtud del artículo 6.2 de la LO 3/2007, la situación en que una disposición, criterio o práctica aparentemente neutros pone a personas de un sexo en desventaja particular con respecto a personas del otro:

a) En cualquier caso constituirá discriminación directa.

b) En cualquier caso constituirá discriminación indirecta.

c) No se considera discriminación indirecta si dicha disposición, criterio o práctica pueden justificarse objetivamente en atención a una finalidad legítima y los medios para alcanzar dicha finalidad son necesarios y adecuados.

d) En ningún caso podrá considerarse discriminación.

15. Conforme al artículo 6.3 de la LO 3/2007, toda orden de discriminar por razón de sexo:

a) Solo se considera discriminatoria si se ordena discriminar directamente.

b) En ningún caso se puede considerar discriminatoria.

c) Solo se considera discriminatoria si ordena una discriminación indirecta.

d) En cualquier caso se considera discriminatoria, sea directa o indirecta.

En MADTEST tienes **más preguntas de este tema**, y todos tus avances quedan registrados y se reflejan en el ranking.

¡Supera tus límites con MADTEST!

Solución al test n.º 12

1. c) Artículo 14.

2. b) El artículo 14.

3. a) Promover, remover y facilitar.

4. c) La Ley Orgánica 3/2007, de 22 de marzo.

5. d) Título Preliminar.

6. b) Igualdad de trato y de oportunidades entre mujeres y hombres.

7. a) A toda persona, física o jurídica, que se encuentre o actúe en territorio español, cualquiera que fuese su nacionalidad, domicilio o residencia.

8. d) Lo previsto en el artículo 71.2, referente a costes relacionados con el embarazo y el parto en contratos de seguros o servicios financieros.

9. b) La tendencia sexual.

10. c) Es un principio informador del ordenamiento jurídico.

11. b) Se garantizará incluso en el acceso al trabajo por cuenta propia.

12. a) Discriminación directa.

13. d) No, si debido a la naturaleza de las actividades profesionales concretas o al contexto en el que se lleven a cabo, dicha característica constituye un requisito profesional esencial y determinante, siempre y cuando el objetivo sea legítimo y el requisito proporcionado.

14. c) No se considera discriminación indirecta si dicha disposición, criterio o práctica pueden justificarse objetivamente en atención a una finalidad legítima y los medios para alcanzar dicha finalidad son necesarios y adecuados.

15. d) En cualquier caso se considera discriminatoria, sea directa o indirecta.

PARTE ESPECÍFICA

TEST N.º 1

Ley 3/2019, de 18 de febrero, de los servicios sociales inclusivos de la Comunitat Valenciana: Preámbulo. Título Preliminar: Objeto de la ley, ámbito de aplicación, definiciones y principios rectores. Título II. Catálogo y carteras de prestaciones del Sistema Público Valenciano de Servicios Sociales

1. Señala cuál de los siguientes no es uno de los principios de carácter general y transversal por los que se rigen los servicios sociales valencianos:

a) Responsabilidad pública.
b) Prevención.
c) Universalidad.
d) Responsabilidad institucional en la atención.

2. ¿Cuál de los principios orientadores de la intervención dispone que las políticas de servicios sociales actuarán preferentemente sobre las causas que originan las necesidades sociales y darán la debida prioridad a las acciones preventivas?

a) Promoción de la inclusión y de la cohesión social.
b) Prevención.
c) Perspectiva comunitaria.
d) Promoción de la autonomía y desarrollo personal.

3. Señala cuál de los siguientes no es uno de los principios orientadores de la intervención por los que se rigen los servicios sociales valencianos:

a) Responsabilidad institucional en la atención.
b) Promoción de la autonomía y desarrollo personal.
c) Perspectiva comunitaria.
d) Promoción de la inclusión y de la cohesión social.

4. ¿Cuál de los siguientes es uno de los principios de carácter metodológico por los que se rigen los servicios sociales valencianos?

a) Perspectiva comunitaria.
b) Responsabilidad institucional en la atención.
c) Universalidad.
d) Interdisciplinariedad de las intervenciones.

5. ¿Qué principio de carácter metodológico dispone que se ha de procurar la utilización de las prestaciones para el mantenimiento de la persona en su medio convivencial y comunitario?

a) Orientación centrada en la persona.
b) Promoción de la intervención y la integración.
c) Promoción de la inclusión y de la cohesión social.
d) Promoción de la autonomía y desarrollo personal.

6. Las prestaciones del Sistema Público Valenciano de Servicios Sociales podrán ser:

a) Sociales, técnicas o económicas.
b) Públicas, privadas o semipúblicas.
c) Económicas, profesionales o tecnológicas.
d) Profesionales, sociales o tecnológicas.

7. El principio de promoción de la inclusión y de la cohesión social, es un principio:

a) De gestión de carácter territorial, administrativo y organizacional.
b) De carácter metodológico.
c) De carácter general y transversal.
d) Orientador de la intervención.

8. ¿Qué principio dispone que los poderes públicos han de compensar los desequilibrios territoriales y garantizar el acceso al Sistema Público Valenciano de Servicios Sociales por medio de una oferta equitativa y equilibrada de prestaciones en todo el territorio de la Comunitat Valenciana?

a) El principio de equidad territorial.
b) El principio de solidaridad territorial.
c) El principio de igualdad.
d) El principio de solidaridad regional.

9. El principio de colaboración, coordinación y cooperación con otros sistemas y servicios públicos es un principio:

a) De gestión de carácter territorial, administrativo y organizacional.
b) De carácter metodológico.

c) De carácter general y transversal.

d) Orientador de la intervención.

10. ¿Qué principio de carácter general y transversal de los servicios sociales del Sistema Público Valenciano dispone que se garantizará la continuidad de la atención a las personas usuarias por todos los medios al alcance de la institución, durante el período en que la precisen?

a) El principio de responsabilidad pública.

b) El principio de responsabilidad institucional en la atención.

c) El principio de universalidad.

d) El principio de perspectiva comunitaria.

11. Señala cuál de los siguientes es uno de los principios de carácter metodológico que rigen la actuación de los servicios sociales inclusivos de la Comunidad Valenciana:

a) Perspectiva comunitaria.

b) Responsabilidad pública.

c) Eficiencia y eficacia.

d) Calidad y profesionalidad en la provisión de los servicios.

12. El principio de descentralización, desconcentración, enfoque municipalista y de proximidad es un principio:

a) De gestión de carácter territorial, administrativo y organizacional.

b) De carácter metodológico.

c) De carácter general y transversal.

d) Orientador de la intervención.

13. El principio de promoción de la autonomía y desarrollo personal es un principio:

a) De gestión de carácter territorial, administrativo y organizacional.

b) De carácter metodológico.

c) De carácter general y transversal.

d) Orientador de la intervención.

14. El principio de participación democrática en el Sistema Público Valenciano de Servicios Sociales es un principio:

a) De gestión de carácter territorial, administrativo y organizacional.

b) De carácter metodológico.

c) De carácter general y transversal.

d) Orientador de la intervención.

15. ¿Qué principio dispone que se promoverá la investigación, la innovación y el uso de las nuevas tecnologías de la información para mejorar la actuación de los diversos ámbitos del Sistema Público Valenciano de Servicios Sociales?

a) El principio de I+D+i.
b) El principio de investigación.
c) El principio de eficiencia y eficacia.
d) El principio de innovación .

En MADTEST tienes **más preguntas de este tema**, y todos tus avances quedan registrados y se reflejan en el ranking.

¡Supera tus límites con MADTEST!

Solución al test n.º 1

1. b) Prevención.

2. b) Prevención.

3. a) Responsabilidad institucional en la atención.

4. d) Interdisciplinariedad de las intervenciones.

5. b) Promoción de la intervención y la integración.

6. c) Económicas, profesionales o tecnológicas.

7. d) Orientador de la intervención.

8. a) El principio de equidad territorial.

9. a) De gestión de carácter territorial, administrativo y organizacional.

10. b) El principio de responsabilidad institucional en la atención.

11. d) Calidad y profesionalidad en la provisión de los servicios.

12. a) De gestión de carácter territorial, administrativo y organizacional.

13. d) Orientador de la intervención.

14. a) De gestión de carácter territorial, administrativo y organizacional.

15. d) El principio de innovación.

TEST N.º 2

Ley 3/2019, de 18 de febrero, de los servicios sociales inclusivos de la Comunitat Valenciana: Título I: Capítulo I. Titulares de derechos. Capítulo II. Derechos y deberes. Capítulo III. Estructura funcional del Sistema Público Valenciano de Servicios Sociales. Capítulo IV. Estructura territorial del Sistema Público Valenciano de Servicios Sociales

1. El primer nivel, por proximidad, de acceso al Sistema Público Valenciano de Servicios Sociales, es:

a) La atención de urgencias.
b) La atención especializada.
c) La atención primaria.
d) La atención básica.

2. El Servicio de prevención e intervención con las familias, pertenece a:

a) La atención primaria.
b) La atención secundaria.
c) La atención terciaria.
d) La atención social.

3. El Servicio de infancia y adolescencia, pertenece a:

a) La atención primaria.
b) La atención secundaria.
c) La atención terciaria.
d) La atención social.

4. El Mapa de servicios sociales de la Comunitat Valenciana lo elaborará la Conselleria competente en materia de servicios sociales con la participación de:

a) Las Diputaciones Provinciales y la Federación Valenciana de Servicios Sociales.
b) La Federación Valenciana de Municipios y Consellerías.

c) Los Municipios y la Federación Valenciana de Servicios y Dependencia.
d) Las entidades locales y la Federación Valenciana de Municipios y Provincias.

5. El Mapa de servicios sociales de la Comunitat Valenciana se actualizará periódicamente, como máximo:

a) Anualmente.
b) Cada dos años.
c) Cada tres años.
d) Cada cuatro años.

6. Según la Constitución española, la competencia en materia de asistencia social la ostenta:

a) El Estado en exclusiva.
b) La Comunidad Autónoma.
c) Precisan previa comunicación y posterior autorización del órgano competente.
d) Requieren de los mismos requisitos que las licencias laborales.

7. La Ley en virtud de la cual se reconoció, por primera vez en España, el derecho subjetivo de acceso al Sistema para la Autonomía y Atención a la Dependencia, así como la regulación en una norma con rango de ley de un catálogo de prestaciones y servicios para las personas en situación de dependencia es de ámbito:

a) Autonómico.
b) Estatal.
c) Local.
d) Europeo.

8. La Ley 3/2019, de 18 de febrero, tiene como objetivo blindar los servicios sociales declarándolos:

a) Servicios administrativos necesarios.
b) Servicios sociales necesarios.
c) Servicios públicos esenciales.
d) Servicios sociales de carácter público.

9. Los derechos y deberes de las personas profesionales de servicios sociales de la Comunitat Valenciana se regulan en la Ley 3/2019, de 18 de febrero, en:

a) El Capítulo II del Título I.
b) El Capítulo I del Título Preliminar.
c) El Capítulo I del Título II.
d) El Capítulo II del Título Preliminar.

10. Los derechos y deberes de las personas profesionales de los servicios sociales regulados en la Ley 3/2019, de 18 de febrero, comprenden a:

a) Quienes prestan servicios en el territorio de la Comunitat Valenciana para las administraciones públicas y para las entidades que conforman su sector público instrumental.
b) Trabajadores de las entidades de iniciativa privada que colaboran en el marco del Sistema Público Valenciano de Servicios Sociales.
c) Aquellos adscritos a las entidades privadas de servicios sociales no integradas en el Sistema Público Valenciano de Servicios Sociales.
d) Todos los anteriores.

11. El derecho de los profesionales de disponer de la orientación, información y formación está orientado a:

a) Obtener un reconocimiento y respeto de los restantes profesionales.
b) Una adecuada atención profesional a las personas usuarias.
c) La consecución de una mayor retribución salarial.
d) Verificar los medios e instrumentos de los que disponen.

12. Indica cuál de los siguientes derechos no está expresamente reconocido a las personas profesionales de los servicios sociales de la Comunitat Valenciana por la Ley 3/2019, de 18 de febrero:

a) Participar en la elaboración de instrumentos técnicos de seguimiento o evaluación.
b) La supervisión profesional.
c) Realizar sugerencias y reclamaciones, por medio de procedimientos reglados ágiles, accesibles y transparentes.
d) Participar, en su caso, en la planificación, organización, seguimiento y evaluación de las prestaciones.

13. La Ley 3/2019, de 18 de febrero, reconoce el derecho de las personas profesionales de servicios sociales a trabajar con profesionales de otros equipos, con el resto de sistemas públicos de protección social, así como con las entidades del tercer sector y organizaciones de ayuda mutua y de voluntariado social a través del/de la:

a) Sistema red.
b) Ventanilla única de servicios sociales.
c) Historia social Única.
d) Institut Valencià de Formació, Investigació i Qualitat en Serveis Socials (IVAFIQ).

14. ¿Puede un profesional de los servicios sociales renunciar a prestar atención profesional ante situaciones de injurias, amenazas o agresiones contra ellas?

a) Sí, en cualquier caso.
b) No, nunca.

c) Sí, cuando sea autorizado por su superior.

d) Sí, salvo que ello comporte desatención y se haga de acuerdo con el procedimiento establecido.

15. El derecho de acceso de las personas profesionales a la historia social única:

a) No precisa de consentimiento de la persona usuaria.

b) No está recogido en la Ley 3/2019.

c) Exige el consentimiento informado del usuario.

d) Es contrario a la Ley de Protección de datos de carácter personal.

En MADTEST tienes **más preguntas de este tema,** y todos tus avances quedan registrados y se reflejan en el ranking.

¡Supera tus límites con MADTEST!

Solución al test n.º 2

1. c) La atención primaria.

2. a) La atención primaria.

3. a) La atención primaria.

4. d) Las entidades locales y la Federación Valenciana de Municipios y Provincias.

5. d) Cada cuatro años.

6. b) La Comunidad Autónoma.

7. b) Estatal.

8. c) Servicios públicos esenciales.

9. a) El Capítulo II del Título I.

10. d) Todos los anteriores.

11. b) Una adecuada atención profesional a las personas usuarias.

12. c) Realizar sugerencias y reclamaciones, por medio de procedimientos reglados ágiles, accesibles y transparentes.

13. a) Sistema red.

14. d) Sí, salvo que ello comporte desatención y se haga de acuerdo con el procedimiento establecido.

15. a) No precisa de consentimiento de la persona usuaria.

TEST N.º 3

Ley 3/2019, de 18 de febrero, de los servicios sociales inclusivos de la Comunitat Valenciana: Título III. Planificación, coordinación e intervención del Sistema Público Valenciano de Servicios Sociales, ordenación de los servicios sociales en la Comunitat Valenciana: Capítulo IV. Intervención de las personas profesionales de servicios sociales e instrumentos técnicos

1. ¿En qué capítulo del Título III de la Ley 3/2019, de 18 de febrero, de los servicios sociales inclusivos de la Comunidad Valenciana, se regula la intervención de las personas profesionales de servicios sociales e instrumentos técnicos?

a) En el Capítulo I.
b) En el Capítulo II.
c) En el Capítulo III.
d) En el Capítulo IV.

2. ¿De cuántas secciones consta el Capítulo IV de la Ley 3/2019, de 18 de febrero, de los servicios sociales inclusivos de la Comunidad Valenciana, donde aparece regulada la intervención de las personas profesionales de servicios sociales e instrumentos técnicos?

a) De cinco.
b) De cuatro.
c) De tres.
d) De dos.

3. Para garantizar los usos futuros de la historia social única, esta se conservará un mínimo de veinte años desde la fecha de alta de cada proceso de intervención. Sin embargo, la Generalitat podrá seleccionar y destruir los documentos que no son relevantes para la intervención, transcurridos:

a) Cinco años desde la última atención de la persona usuaria.
b) Tres años desde la última atención de la persona usuaria.

c) Dos años desde la última atención de la persona usuaria.
d) Un año desde la última atención de la persona usuaria.

4. Con objeto de garantizar la calidad en la provisión de las prestaciones, la eficacia y la eficiencia de estas, la proximidad territorial y la cobertura de las necesidades sociales de la zona básica de servicios sociales, se establecen unas ratios mínimas del conjunto de profesionales del equipo de intervención social según su número de habitantes. Así en aquellas zonas con menos de 5.000 habitantes habrá:

a) 1 profesional por cada 900 habitantes.
b) 1 profesional por cada 1.000 habitantes.
c) 1 profesional por cada 1.200 habitantes.
d) 1 profesional por cada 1.250 habitantes.

5. Señala la respuesta incorrecta:

a) La persona profesional de referencia de acceso al sistema de atención primaria llevará a cabo la valoración y diagnóstico inicial de la situación social así como una propuesta inicial de las prestaciones más adecuadas.
b) Los municipios de población inferior a 150.000 habitantes podrán agruparse para constituir un servicio de urgencia social.
c) Para asegurar una respuesta rápida y eficiente, la atención a las situaciones de urgencia social estará debidamente regulada por protocolos de actuación en ambos niveles del Sistema Público Valenciano de Servicios Sociales y se prestará de manera continuada, en su caso.
d) Los equipos de profesionales de los diferentes servicios implementados en los departamentos de servicios sociales se establecerán mediante decreto del Consell y responderán a la organización funcional propia de la tipología del servicio.

6. Los equipos profesionales de zona básica tendrán una persona de apoyo administrativo por cada 5.000 habitantes. Se podrá ampliar esta ratio en función de sus necesidades, sus características y su territorio en el caso de:

a) Más de 50.000 habitantes.
b) Más de 45.000 habitantes.
c) Más de 30.000 habitantes.
d) Más de 20.000 habitantes.

7. Los equipos profesionales de zona básica tendrán una persona de apoyo jurídico por cada:

a) 20.000 habitantes.
b) 15.000 habitantes.
c) 10.000 habitantes.
d) 5.000 habitantes.

8. ¿Qué Sección del Capítulo IV del Título III de la Ley 3/2019, de 18 de febrero, de los servicios sociales inclusivos de la Comunidad Valenciana regula lo referente a los equipos profesionales?

a) La Sección Primera.
b) La Sección Segunda.
c) La Sección Tercera.
d) La Sección Cuarta.

9. Señala cuáles de los siguientes no son uno de los componentes del equipo de personas profesionales de la zona básica de servicios sociales:

a) Personas profesionales de las unidades de igualdad.
b) Personas profesionales de apoyo jurídico y administrativo.
c) Personas profesionales de apoyo psicológico.
d) El equipo de intervención social.

10. ¿Qué municipios del territorio valenciano tendrán un servicio de urgencia social?

a) Todos.
b) Los municipios de más de 50.000 habitantes.
c) Los municipios de más de 75.000 habitantes.
d) Los municipios de más de 100.000 habitantes.

11. Los equipos profesionales de zona básica tendrán una persona de apoyo administrativo por cada:

a) 1.250 habitantes.
b) 2.000 habitantes.
c) 3.000 habitantes.
d) 5.000 habitantes.

12. ¿Cuál es el instrumento identificativo de la ciudadanía en el ámbito del Sistema Público Valenciano de Servicios Sociales, de acuerdo con los datos que posee el Sistema de Información Poblacional?

a) El Documento Nacional de Identidad.
b) Historia social única.
c) La tarjeta identificativa sanitaria.
d) La tarjeta de información personalizada.

13. Señala la afirmación incorrecta respecto a la Tarjeta de información personalizada:

a) Todas las personas que residan y puedan acreditar residencia efectiva en el territorio nacional tendrán derecho a ser titulares de una tarjeta de información personalizada de manera que en el momento en que deseen utilizarla ya la tengan a su alcance.

b) En ningún caso se dejará de atender a personas en situación de urgencia social por no disponer de una tarjeta de información personalizada.

c) La tarjeta será personal e intransferible.

d) Es el elemento efectivo de acreditación de las prestaciones del Sistema Público Valenciano de Servicios Sociales que legalmente tenga reconocidas la ciudadanía.

14. ¿Quién podrá ejercer el derecho de acceso a la historia social única en el supuesto de las personas menores de edad o con capacidad modificada judicialmente?

a) El Juez de Guardia.

b) El Ministerio Fiscal.

c) La persona titular de la patria potestad o tutela.

d) Las respuestas b) y c) son correctas.

15. Para garantizar los usos futuros de la historia social única, esta se conservará un mínimo de:

a) Veinte años desde la fecha de alta de cada proceso de intervención.

b) Quince años desde la fecha de alta de cada proceso de intervención.

c) Diez años desde la fecha de alta de cada proceso de intervención.

d) Cinco años desde la fecha de alta de cada proceso de intervención.

En MADTEST tienes **más preguntas de este tema**, y todos tus avances quedan registrados y se reflejan en el ranking.

¡Supera tus límites con MADTEST!

Solución al test n.º 3

1. d) En el Capítulo IV.

2. b) De cuatro.

3. a) Cinco años desde la última atención de la persona usuaria.

4. d) 1 profesional por cada 1.250 habitantes.

5. b) Los municipios de población inferior a 150.000 habitantes podrán agruparse para constituir un servicio de urgencia social.

6. a) Más de 50.000 habitantes.

7. a) 20.000 habitantes.

8. a) La Sección Primera.

9. c) Personas profesionales de apoyo psicológico.

10. d) Los municipios de más de 100.000 habitantes.

11. d) 5.000 habitantes.

12. d) La tarjeta de información personalizada.

13. a) Todas las personas que residan y puedan acreditar residencia efectiva en el territorio nacional tendrán derecho a ser titulares de una tarjeta de información personalizada de manera que en el momento en que deseen utilizarla ya la tengan a su alcance.

14. d) Las respuestas b) y c) son correctas.

15. a) Veinte años desde la fecha de alta de cada proceso de intervención.

Ley 11/2003, de 10 de abril, de la Generalitat, sobre el Estatuto de las Personas con Discapacidad: Título I. Disposiciones Generales

1. ¿Cuál de las siguientes afirmaciones refleja correctamente el enfoque de la Ley 11/2003 respecto a las personas con discapacidad?

a) Considera la discapacidad únicamente desde el punto de vista médico.
b) Integra el modelo de desarrollo humano y derechos sociales.
c) Se centra exclusivamente en la rehabilitación sanitaria.
d) Promueve la sustitución de la atención social por la médica.

2. ¿Qué derecho se reconoce específicamente a las personas con discapacidad sensorial según la Ley 11/2003?

a) Reducción del tiempo laboral.
b) Acceso gratuito al transporte.
c) Procedimientos accesibles de comunicación.
d) Participación directa en órganos judiciales.

3. ¿Qué consideración tienen los pensionistas con incapacidad permanente total según la Ley 11/2003?

a) No se les considera personas con discapacidad.
b) Solo se les incluye si su pensión supera el salario mínimo.
c) Se les reconoce un grado de discapacidad igual o superior al 33 %.
d) Se les aplica el mismo trato que a menores de edad.

4. ¿Cuál fue la primera ley estatal de carácter social destinada a las personas con discapacidad tras la Constitución de 1978?

a) Ley 13/1982, de 7 de abril.
b) Ley 26/2011, de 1 de agosto.
c) Ley 49/2007, de 26 de diciembre.
d) Ley 51/2003, de 2 de diciembre.

5. ¿Qué principio general destaca la Ley 11/2003 en relación con la dotación presupuestaria de la Generalitat?

a) Prioridad en gasto sanitario.
b) Delegación en entidades privadas.
c) Gestión descentralizada.
d) Responsabilidad pública.

6. ¿Cuál es el objetivo principal de las campañas de vacunación incluidas en la ley?

a) Erradicar la pobreza infantil.
b) Prevenir discapacidades.
c) Controlar pandemias.
d) Detectar enfermedades raras.

7. ¿Qué nivel mínimo de discapacidad da acceso automático a los derechos establecidos en la Ley 11/2003?

a) 25 %
b) 33 %
c) 40 %
d) 50 %

8. ¿Qué tipo de enfoque sustituye al modelo médico-asistencial según la Convención de la ONU adoptada por la ley?

a) Modelo institucional.
b) Modelo clínico.
c) Modelo biopsicosocial.
d) Modelo benéfico-caritativo.

9. ¿Qué aspecto se excluye explícitamente de modificación por la Ley 11/2003 respecto a barreras arquitectónicas?

a) La Ley 1/1998, de accesibilidad.
b) Las ordenanzas municipales.
c) El Código Técnico de Edificación.
d) La Ley de Urbanismo del Estado.

10. ¿Cuál es uno de los derechos reconocidos a personas con movilidad reducida en relación con procedimientos administrativos?

a) Realizar trámites desde su domicilio.
b) Acceder prioritariamente a las oficinas públicas.
c) Evitar el pago de tasas.
d) Acceder sin cita previa a consultas sanitarias.

11. ¿Qué órgano consultivo fue informado durante la elaboración de la Ley 11/2003?

a) Consejo Escolar Valenciano.
b) Consejo Valenciano de Bienestar Social.
c) Comité de Ética Sanitaria.
d) Colegio Oficial de Psicólogos.

12. ¿Qué concepto sustituye a los términos "minusvalía" y "deficiencia" según la OMS y adoptado por esta ley?

a) Enfermedad funcional.
b) Diversidad personal.
c) Discapacidad.
d) Alteración orgánica.

13. ¿Qué medida NO se menciona como parte de la rehabilitación integral según la ley?

a) Atención sanitaria.
b) Tratamiento psicológico forense.
c) Acceso a recursos para la vida independiente.
d) Modificación del entorno físico.

14. ¿Qué entidades están obligadas a aplicar la Ley 11/2003 en la Comunitat Valenciana?

a) Generalitat, entidades autónomas, empresas públicas y privadas colaboradoras.
b) Solo la Generalitat y sus consellerias.
c) Únicamente las entidades sociales sin ánimo de lucro.
d) Solo los municipios con más de 20.000 habitantes.

15. ¿Cuál de los siguientes derechos se reconoce desde el inicio del embarazo?

a) Solicitud de ayudas económicas.
b) Acceso a centros de atención temprana.
c) Asistencia obstétrica especializada.
d) Diagnóstico precoz y prevención de la discapacidad.

En MADTEST tienes **más preguntas de este tema**, y todos tus avances quedan registrados y se reflejan en el ranking.

¡Supera tus límites con MADTEST!

Solución al test n.º 4

1. b) Integra el modelo de desarrollo humano y derechos sociales.

2. c) Procedimientos accesibles de comunicación.

3. c) Se les reconoce un grado de discapacidad igual o superior al 33 %.

4. a) Ley 13/1982, de 7 de abril.

5. d) Responsabilidad pública.

6. b) Prevenir discapacidades.

7. b) 33 %

8. c) Modelo biopsicosocial.

9. a) La Ley 1/1998, de accesibilidad.

10. a) Realizar trámites desde su domicilio.

11. b) Consejo Valenciano de Bienestar Social.

12. c) Discapacidad.

13. b) Tratamiento psicológico forense.

14. a) Generalitat, entidades autónomas, empresas públicas y privadas colaboradoras.

15. d) Diagnóstico precoz y prevención de la discapacidad.

TEST N.º 5

Ley 11/2003, de 10 de abril, de la Generalitat, sobre el Estatuto de las Personas con Discapacidad: Titulo II: De las actuaciones de la Administración de la Generalitat en materia de personas con discapacidad: Capítulo I Disposiciones comunes

1. ¿Cuál es el objetivo principal del Capítulo I del Título II de la Ley 11/2003?

a) Fijar los principios rectores y criterios generales para la intervención pública.
b) Establecer sanciones por incumplimientos en materia de accesibilidad.
c) Crear un registro de personas con discapacidad en la Comunitat Valenciana.
d) Garantizar la gratuidad de todos los servicios sociales especializados.

2. ¿Qué modelo sustituye al enfoque asistencial según la Ley 11/2003?

a) Modelo sanitario y rehabilitador.
b) Modelo de caridad institucional.
c) Modelo basado en los derechos humanos y la autonomía personal.
d) Modelo de gestión privada subvencionada.

3. ¿Qué principio obliga a garantizar que las decisiones de la persona con discapacidad sean respetadas?

a) Eficiencia administrativa.
b) Respeto a la dignidad y libertad de decisión.
c) Racionalidad técnica.
d) Proporcionalidad jurídica.

4. ¿Qué medida garantiza el ejercicio de derechos en igualdad de condiciones?

a) Protocolos médicos periódicos.
b) Formación obligatoria en centros especiales.
c) Ajustes razonables.
d) Supervisión directa de familiares.

5. ¿Qué derecho relacionado con la imagen social recoge la Ley 11/2003?

a) Derecho a una imagen respetuosa, normalizada e inclusiva.
b) Derecho a un informe público mensual.
c) Derecho a aparecer en campañas institucionales.
d) Derecho a que no se divulgue su diagnóstico.

6. ¿Qué principio garantiza la atención sin discriminación por tipo de discapacidad?

a) Atención equitativa según baremo.
b) Compensación por dependencia médica.
c) Igualdad de oportunidades.
d) Aceptación institucional sin requisitos.

7. ¿Qué tipo de intervención favorece la autonomía y vida independiente?

a) Terapia ocupacional exclusiva.
b) Tutela legal permanente.
c) Servicios de apoyo personal y comunitario.
d) Internamiento en instituciones especializadas.

8. ¿Qué perspectiva debe incorporarse en todas las políticas según la Ley 11/2003?

a) Perspectiva comercial y de consumo.
b) Perspectiva de género.
c) Perspectiva económica y fiscal.
d) Perspectiva profesional técnica.

9. ¿Qué derecho tienen las personas con discapacidad respecto a los procedimientos administrativos?

a) Omitirlos por su situación.
b) Participar con apoyos y formatos accesibles.
c) Delegar siempre en un tutor legal.
d) Acceder únicamente a través de internet.

10. ¿Qué obliga a la administración a modificar entornos o procedimientos para hacerlos accesibles?

a) Exigencia de familias.
b) Dictamen de salud mental.
c) Principio de accesibilidad universal.
d) Convenio privado con fundaciones.

11. ¿Qué principio obliga a tener en cuenta la diversidad dentro del colectivo de personas con discapacidad?

a) Normalización educativa.
b) Estandarización de tratamientos.
c) Atención a la diversidad.
d) Fiscalización de la dependencia.

12. ¿Qué enfoque debe aplicarse para eliminar obstáculos en la vida cotidiana de las personas con discapacidad?

a) Terapia conductual directa.
b) Escolarización intensiva.
c) Supresión de barreras sociales, económicas y culturales.
d) Intervención judicial programada.

13. ¿Qué valor inspira todas las actuaciones dirigidas a las personas con discapacidad?

a) Rentabilidad institucional.
b) Gratuidad del sistema.
c) Dignidad humana.
d) Solidaridad vecinal.

14. ¿Qué actuación NO es coherente con los principios del Capítulo I del Título II?

a) Garantizar accesibilidad en edificios públicos.
b) Promover empleo con apoyo.
c) Imponer medidas sin consentimiento informado.
d) Adaptar contenidos educativos.

15. ¿Qué instituciones deben incorporar los principios de esta ley en sus actuaciones?

a) Solo los centros ocupacionales.
b) Todas las administraciones públicas.
c) Exclusivamente los ayuntamientos.
d) Fundaciones privadas acreditadas.

En MADTEST tienes **más preguntas de este tema**, y todos tus avances quedan registrados y se reflejan en el ranking.

¡Supera tus límites con MADTEST!

Solución al test n.º 5

1. a) Fijar los principios rectores y criterios generales para la intervención pública.

2. c) Modelo basado en los derechos humanos y la autonomía personal.

3. b) Respeto a la dignidad y libertad de decisión.

4. c) Ajustes razonables.

5. a) Derecho a una imagen respetuosa, normalizada e inclusiva.

6. c) Igualdad de oportunidades.

7. c) Servicios de apoyo personal y comunitario.

8. b) Perspectiva de género.

9. b) Participar con apoyos y formatos accesibles.

10. c) Principio de accesibilidad universal.

11. c) Atención a la diversidad.

12. c) Supresión de barreras sociales, económicas y culturales.

13. c) Dignidad humana.

14. c) Imponer medidas sin consentimiento informado.

15. b) Todas las administraciones públicas.

Ley 11/2003, de 10 de abril, de la Generalitat, sobre el Estatuto de las Personas con Discapacidad: Título II: De las actuaciones de la Administración de la Generalitat en materia de personas con discapacidad: Capítulo II Sanidad, Capítulo III Educación y Capitulo IV De la Inserción Laboral

1. ¿Qué atención debe prestar la Conselleria competente en sanidad a las personas con discapacidad?

a) Solo prevención de enfermedades físicas.
b) Protección, promoción y recuperación de la salud sin discriminación.
c) Asistencia únicamente ambulatoria.
d) Seguimiento exclusivo en centros específicos.

2. ¿Cuál NO es una medida prevista por la Generalitat para la prevención de discapacidades?

a) Hospitalización obligatoria ante cualquier síntoma.
b) Campañas de vacunación.
c) Orientación genética en grupos de riesgo.
d) Promoción de salud sexual y reproductiva.

3. ¿Qué caracteriza a la habilitación y rehabilitación según el artículo 17?

a) Programas educativos obligatorios.
b) Proceso continuo, especializado y orientado a la autonomía.
c) Atención puntual durante emergencias.
d) Evaluación solo médica.

4. ¿Qué garantiza el artículo 18 sobre educación?

a) Acceso a centros segregados.
b) Ayuda solo en educación especial.

c) Educación pública, inclusiva y de calidad con ajustes razonables.
d) Formación hasta educación primaria.

5. ¿Qué preferencia se da en caso de empate en el acceso escolar?

a) Por orden alfabético.
b) A alumnado con discapacidad o con padres con discapacidad ≥33%.
c) A alumnos sin hermanos escolarizados.
d) A quienes vivan más lejos.

6. ¿Qué actuación está prevista en estudios universitarios?

a) Eliminación de materias.
b) Repetición de curso por norma.
c) Adaptación de materias o prácticas sin reducir competencias.
d) Exámenes alternativos para todos.

7. ¿Qué recurso se utiliza para apoyar la inclusión educativa?

a) Centros segregados para cada discapacidad.
b) Apoyo solo administrativo.
c) Medidas de apoyo personalizadas y formación del profesorado.
d) Exclusión de evaluaciones externas.

8. ¿Qué implica el artículo 20 bis respecto al acceso a la justicia?

a) Medidas específicas para garantizar igualdad de oportunidades.
b) Derivación obligatoria a centros especiales.
c) Exclusión de procedimientos penales.
d) Seguimiento terapéutico previo a testificar.

9. ¿Qué establece el artículo 21 sobre empleo?

a) Solo acceso a centros ocupacionales.
b) Acceso libre al mercado ordinario en igualdad de condiciones.
c) Contratación restringida en el sector público.
d) Inserción solo con informes médicos.

10. ¿Cuál es la reserva mínima de plazas en empleo público para personas con discapacidad?

a) 2% obligatorio en todas las ofertas.
b) 5% sin excepciones.
c) 7% con 2% como mínimo legal.
d) 10% según orden de inscripción.

11. ¿Qué caracteriza a los Centros Especiales de Empleo?

a) Contratan exclusivamente personal administrativo.
b) Son públicos en su totalidad.
c) Fomentan el empleo estable de personas con discapacidad.
d) Sólo admiten discapacidad física.

12. ¿Qué medida fomenta el empleo ordinario con acompañamiento profesional?

a) Teletrabajo obligatorio.
b) Empleo con apoyo y enclaves laborales.
c) Contratación externa sin adaptación.
d) Tutoría virtual anual.

13. ¿Qué garantiza el artículo 28 sobre los Centros de Valoración?

a) Diagnóstico exclusivamente psiquiátrico.
b) Atención sin seguimiento.
c) Valoración del grado de discapacidad y seguimiento periódico.
d) Evaluación solo médica.

14. ¿Qué principio rige las prestaciones sociales según el artículo 29?

a) Exclusividad en zonas urbanas.
b) Priorización de centros privados.
c) Permanencia en el entorno familiar y cultural.
d) Derivación inmediata a residencias.

15. ¿Cuál de estos NO es un servicio recogido en el artículo 30?

a) Teleasistencia.
b) Asistencia domiciliaria.
c) Intervención quirúrgica ambulatoria.
d) Respiro familiar.

En MADTEST tienes **más preguntas de este tema**, y todos tus avances quedan registrados y se reflejan en el ranking.

¡Supera tus límites con MADTEST!

Solución al test n.º 6

1. b) Protección, promoción y recuperación de la salud sin discriminación.

2. a) Hospitalización obligatoria ante cualquier síntoma.

3. b) Proceso continuo, especializado y orientado a la autonomía.

4. c) Educación pública, inclusiva y de calidad con ajustes razonables.

5. b) A alumnado con discapacidad o con padres con discapacidad ≥33%.

6. c) Adaptación de materias o prácticas sin reducir competencias.

7. c) Medidas de apoyo personalizadas y formación del profesorado.

8. a) Medidas específicas para garantizar igualdad de oportunidades.

9. b) Acceso libre al mercado ordinario en igualdad de condiciones.

10. c) 7% con 2% como mínimo legal.

11. c) Fomentan el empleo estable de personas con discapacidad.

12. b) Empleo con apoyo y enclaves laborales.

13. c) Valoración del grado de discapacidad y seguimiento periódico.

14. c) Permanencia en el entorno familiar y cultural.

15. c) Intervención quirúrgica ambulatoria.

TEST N.º 7

Ley 8/2024, de 30 de diciembre, de accesibilidad universal de la Comunitat Valenciana: Objeto y definiciones. Título III. Disposiciones específicas de accesibilidad en diferentes ámbitos, Capítulo IV Accesibilidad en bienes, productos y servicios a disposición del público: Sección 2ª Centros y servicios sanitarios, Sección 3ª Centros y servicios educativos, formativos y enseñanzas universitaria y Sección 4ª Centros y servicios sociales

1. ¿Cuál es el objeto principal de la Ley 8/2024?

a) Establecer sanciones por falta de accesibilidad.
b) Regular exclusivamente los espacios físicos públicos.
c) Garantizar la vida autónoma, participativa e independiente en igualdad.
d) Fomentar la asistencia sanitaria especializada.

2. ¿Qué principio se basa en el respeto a la toma de decisiones por parte de la persona?

a) Participación administrativa.
b) Autonomía individual.
c) Razonabilidad técnica.
d) Supervisión sanitaria.

3. ¿Qué derecho tienen las personas cuando la accesibilidad universal no es suficiente?

a) Solicitar apoyos y ajustes razonables.
b) Acceso directo a servicios privados.
c) Ser derivados a centros específicos.
d) Recibir asistencia sanitaria urgente.

4. ¿Qué colectivo NO figura como persona con dificultades especiales?

a) Mujeres embarazadas.
b) Personas con enfermedades de larga duración.

c) Personas privadas de libertad.
d) Personas con niños en carritos.

5. ¿Qué se entiende por accesibilidad cognitiva según la ley?

a) Acceso a la movilidad con sillas de ruedas.
b) Uso de ascensores y rampas.
c) Facilidad para entender y comunicarse con el entorno.
d) Uso exclusivo del lenguaje oral.

6. ¿Qué definición se da del ajuste razonable?

a) Toda adaptación obligatoria.
b) Modificación eficaz, sin carga desproporcionada, para asegurar el derecho.
c) Criterio técnico de evaluación arquitectónica.
d) Solo aplicable a centros educativos.

7. ¿Qué se entiende por diseño para todas las personas?

a) Proyectos arquitectónicos para residencias.
b) Creación de entornos usables por el mayor número posible sin necesidad de adaptación.
c) Edificios públicos con señalización obligatoria.
d) Proyectos exclusivos para personas con discapacidad.

8. ¿Qué es la cadena de accesibilidad?

a) Conjunto de derechos reconocidos por la ley.
b) Elementos que permiten moverse y usar espacios sin interrupciones.
c) Vía de circulación de vehículos sanitarios.
d) Red de transporte adaptado.

9. ¿Qué características deben tener los puntos de atención accesibles?

a) Ventanillas con pantallas digitales.
b) Asistencia únicamente por cita previa.
c) Mobiliario adecuado y medios accesibles para comunicación e información.
d) Solo presencia de intérprete de lengua de signos.

10. ¿Qué significa usabilidad según la ley?

a) Uso restringido a personal técnico.
b) Grado de eficacia, eficiencia y satisfacción de un producto para usuarios concretos.
c) Acceso universal por ley.
d) Seguridad en centros sanitarios.

11. ¿Qué administración coordina la estrategia valenciana de accesibilidad universal?

a) La Generalitat Valenciana.
b) Las diputaciones provinciales.
c) Las entidades locales.
d) El Gobierno central.

12. ¿Qué periodicidad tiene el plan de acción sobre accesibilidad universal?

a) Cada dos años.
b) Cuatrienal.
c) Anual.
d) Cada seis meses.

13. ¿Qué función tiene la Comisión Interdepartamental de Accesibilidad Universal?

a) Redactar sanciones por incumplimientos.
b) Gestionar presupuestos locales.
c) Coordinar las actuaciones entre departamentos de la Generalitat.
d) Resolver conflictos jurídicos.

14. ¿Quién participa en el desarrollo del plan de acción además de la administración?

a) Solo técnicos universitarios.
b) Fundaciones privadas.
c) Entidades representativas de personas con discapacidad y mayores.
d) Notarios y registradores.

15. ¿Qué ámbito NO está incluido en las medidas específicas de accesibilidad?

a) Vivienda.
b) Espacios urbanos.
c) Uso del suelo agrario.
d) Educación.

En MADTEST tienes **más preguntas de este tema**, y todos tus avances quedan registrados y se reflejan en el ranking.

¡Supera tus límites con MADTEST!

Solución al test n.º 7

1. c) Garantizar la vida autónoma, participativa e independiente en igualdad.

2. b) Autonomía individual.

3. a) Solicitar apoyos y ajustes razonables.

4. c) Personas privadas de libertad.

5. c) Facilidad para entender y comunicarse con el entorno.

6. b) Modificación eficaz, sin carga desproporcionada, para asegurar el derecho.

7. b) Creación de entornos usables por el mayor número posible sin necesidad de adaptación.

8. b) Elementos que permiten moverse y usar espacios sin interrupciones.

9. c) Mobiliario adecuado y medios accesibles para comunicación e información.

10. b) Grado de eficacia, eficiencia y satisfacción de un producto para usuarios concretos.

11. a) La Generalitat Valenciana.

12. b) Cuatrienal.

13. c) Coordinar las actuaciones entre departamentos de la Generalitat.

14. c) Entidades representativas de personas con discapacidad y mayores.

15. c) Uso del suelo agrario.

TEST N.º 8

Ley 26/2018, de 21 de diciembre, de la Generalitat, de derechos y garantías de la infancia y la adolescencia: Título III. Protección social y jurídica de la infancia y la adolescencia

1. ¿Qué principio general rige toda actuación con personas menores de edad según la Ley 26/2018?

a) Legalidad administrativa.
b) Discrecionalidad profesional.
c) Interés superior del menor.
d) Sujeto pasivo de intervención.

2. ¿Qué tipo de medidas debe promover la Generalitat para garantizar la protección frente a la violencia?

a) Medidas restrictivas.
b) Exclusivamente educativas.
c) Preventivas, protectoras y reparadoras.
d) Judiciales en todos los casos.

3. ¿Cuál es una obligación de las administraciones públicas respecto a la participación infantil?

a) Escuchar activamente a niños y adolescentes en todos los procedimientos que les afecten.
b) Consultarlos únicamente en centros escolares.
c) Delegar en sus progenitores.
d) Emitir informes una vez al año.

4. ¿Qué derecho específico recoge la ley en relación con el entorno digital?

a) Derecho a acceso gratuito.
b) Derecho a redes sociales.

c) Derecho a la protección frente a riesgos digitales.

d) Derecho a anonimato sin límites.

5. ¿Cuál de estos aspectos forma parte del derecho a la identidad según la Ley 26/2018?

a) Derecho a conocer sus orígenes y mantener su nombre y nacionalidad.

b) Derecho a cambiar de familia por decisión propia.

c) Derecho a recibir solo educación afectiva.

d) Derecho a mantener anonimato ante la administración.

6. ¿Qué se entiende por buen trato según la ley?

a) Ausencia de conflictos escolares.

b) Relación afectiva, protectora y respetuosa que garantiza el desarrollo integral.

c) Prestación económica familiar.

d) Cumplimiento escolar sin faltar a clase.

7. ¿Qué actuación debe tomarse cuando hay sospecha de situación de desprotección grave?

a) Notificarlo solo a los progenitores.

b) Comunicarlo a la entidad pública competente sin dilación.

c) Ignorarlo por protección de la intimidad.

d) Tramitarlo judicialmente de forma inmediata.

8. ¿Qué elemento debe tener toda intervención con menores?

a) Uniformidad de medidas.

b) Carácter individualizado y adaptado.

c) Derivación automática a centros.

d) Exclusión de la familia en la toma de decisiones.

9. ¿Qué derecho vinculado a la privacidad se reconoce en la ley?

a) Acceso limitado a redes sociales.

b) Confidencialidad solo en hospitales.

c) Derecho a la intimidad, propia imagen y protección de datos personales.

d) Derecho a ocultar la identidad a la administración.

10. ¿Qué órgano puede dictar medidas de protección como el acogimiento residencial?

a) Colegio profesional.

b) Entidad pública de protección de la infancia.

c) El consejo escolar.
d) La fiscalía local.

11. ¿Qué deber tienen los medios de comunicación respecto a menores?

a) No difundir su imagen, nombre ni datos identificativos.
b) Informar siempre sobre su vida privada.
c) Pedir permiso a vecinos.
d) Divulgar sin restricción en caso de interés social.

12. ¿Qué principio rige el acogimiento familiar?

a) Rotación periódica.
b) Aleatoriedad en la asignación.
c) Prioridad sobre el acogimiento residencial.
d) Derivación judicial directa.

13. ¿Qué tipo de guarda se puede asumir sin que medie una medida judicial?

a) Adopción internacional.
b) Guarda voluntaria por acuerdo con progenitores.
c) Tutela compartida judicial.
d) Acogida de urgencia sin evaluación.

14. ¿Qué periodo máximo general se establece para la guarda a solicitud de los progenitores?

a) 6 meses.
b) 1 mes.
c) 1 año.
d) 2 años.

15. ¿Qué entidad lidera los procesos de intervención en la Comunitat Valenciana?

a) Diputación provincial.
b) Ayuntamiento correspondiente.
c) Entidad pública de protección: la Generalitat.
d) Colegios oficiales.

En MADTEST tienes **más preguntas de este tema**, y todos tus avances quedan registrados y se reflejan en el ranking.

¡Supera tus límites con MADTEST!

Solución al test n.º 8

1. c) Interés superior del menor.

2. c) Preventivas, protectoras y reparadoras.

3. a) Escuchar activamente a niños y adolescentes en todos los procedimientos que les afecten.

4. c) Derecho a la protección frente a riesgos digitales.

5. a) Derecho a conocer sus orígenes y mantener su nombre y nacionalidad.

6. b) Relación afectiva, protectora y respetuosa que garantiza el desarrollo integral.

7. b) Comunicarlo a la entidad pública competente sin dilación.

8. b) Carácter individualizado y adaptado.

9. c) Derecho a la intimidad, propia imagen y protección de datos personales.

10. b) Entidad pública de protección de la infancia.

11. a) No difundir su imagen, nombre ni datos identificativos.

12. c) Prioridad sobre el acogimiento residencial.

13. b) Guarda voluntaria por acuerdo con progenitores.

14. c) 1 año.

15. c) Entidad pública de protección: la Generalitat.

Ley orgánica 8/2021, de 4 de junio, de protección integral a la infancia y la adolescencia frente a la violencia: Título Preliminar. Disposiciones generales. Título I. Derechos de los niños, niñas y adolescentes frente a la violencia. Título II. Deber de comunicación de situaciones de violencia

1. ¿Cuál de los siguientes no es un ámbito contemplado por la Ley 8/2021 para proteger a la infancia?

a) Ámbito judicial.
b) Ámbito educativo.
c) Ámbito militar.
d) Ámbito familiar.

2. ¿Qué define la Ley 8/2021 como violencia contra la infancia?

a) Solo el maltrato físico evidente.
b) Cualquier castigo físico justificado por los progenitores.
c) Toda acción, omisión o trato negligente que afecte al desarrollo del menor.
d) Exclusivamente la violencia sexual.

3. ¿A quién se aplica esta ley?

a) Solo a nacionales españoles.
b) Solo a menores empadronados.
c) A cualquier menor en territorio español y a menores españoles en el extranjero.
d) Solo a menores con situación administrativa regular.

4. ¿Qué órgano coordina la actuación interadministrativa?

a) Consejo General del Menor.
b) Fiscalía General.
c) Conferencia Sectorial de Infancia y Adolescencia.
d) Defensor del Pueblo.

5. ¿Qué significa promover el "buen trato" según la ley orgánica 8/2021?

a) Ausencia de conflicto.
b) Aplicación de castigos controlados.
c) Relaciones basadas en el respeto, la escucha y la dignidad.
d) Medidas coercitivas proporcionales.

6. ¿Qué principio guía todas las decisiones sobre menores?

a) Razonabilidad administrativa.
b) Proporcionalidad jurídica.
c) Interés superior del menor.
d) Eficiencia de los servicios sociales.

7. ¿Qué edad mínima establece la ley para escuchar la opinión de un menor?

a) 12 años.
b) 10 años.
c) 14 años.
d) No se establece edad mínima.

8. ¿Qué derecho no es reconocido específicamente en esta ley orgánica 8/2021?

a) Derecho a ser oído.
b) Derecho a recibir educación obligatoria.
c) Derecho a asistencia jurídica gratuita.
d) Derecho a atención integral.

9. ¿Cuál es uno de los fines expresos de la ley orgánica 8/2021?

a) Castigar al agresor.
b) Prevenir la violencia y reparar el daño.
c) Delegar la intervención en entidades privadas.
d) Eliminar toda presencia digital del menor.

10. ¿Qué se entiende por atención integral a menores víctimas?

a) Internamiento obligatorio.
b) Intervenciones sanitarias, psicológicas, sociales, jurídicas y educativas.
c) Custodia de la policía.
d) Ingreso hospitalario.

11. ¿Qué actuación corresponde si el tutor legal del menor es el presunto agresor?

a) El caso se archiva.
b) Se nombra un defensor judicial.

c) Se deja sin representación legal.
d) Interviene la Fiscalía sin más.

12. ¿Qué se entiende por "revictimización secundaria"?

a) Repetición del abuso por la misma persona.
b) Daño adicional sufrido por el menor en el proceso judicial, policial o institucional.
c) Recaída emocional espontánea.
d) Acoso por parte de medios de comunicación.

13. ¿Cuál es el deber principal de todo profesional ante sospechas de violencia infantil?

a) Verificar el daño.
b) Comentar con colegas.
c) Comunicar sin demora a la autoridad competente.
d) Consultar a un psicólogo.

14. ¿Qué ámbito NO forma parte del deber cualificado de comunicación?

a) Centros educativos.
b) Servicios sanitarios.
c) Empresas sin contacto con menores.
d) Centros deportivos.

15. ¿Cuál es uno de los derechos de las menores víctimas durante el proceso judicial?

a) Declarar frente al agresor.
b) Interrogar a otros testigos.
c) Ser escuchado en un entorno adaptado, seguro y sin repetición innecesaria.
d) Elegir su juez instructor.

En MADTEST tienes **más preguntas de este tema**, y todos tus avances quedan registrados y se reflejan en el ranking.

¡Supera tus límites con MADTEST!

Solución al test n.º 9

1. c) Ámbito militar.

2. c) Toda acción, omisión o trato negligente que afecte al desarrollo del menor.

3. c) A cualquier menor en territorio español y a menores españoles en el extranjero.

4. c) Conferencia Sectorial de Infancia y Adolescencia.

5. c) Relaciones basadas en el respeto, la escucha y la dignidad.

6. c) Interés superior del menor.

7. d) No se establece edad mínima.

8. b) Derecho a recibir educación obligatoria.

9. b) Prevenir la violencia y reparar el daño.

10. b) Intervenciones sanitarias, psicológicas, sociales, jurídicas y educativas.

11. b) Se nombra un defensor judicial.

12. b) Daño adicional sufrido por el menor en el proceso judicial, policial o institucional.

13. c) Comunicar sin demora a la autoridad competente.

14. c) Empresas sin contacto con menores.

15. c) Ser escuchado en un entorno adaptado, seguro y sin repetición innecesaria.

TEST N.º 10

Ley 39/2006, de 14 de diciembre, de promoción de la autonomía personal y atención a las personas en situación de dependencia: Título Preliminar. Título I. El Sistema para la Autonomía y Atención a la Dependencia: Capítulo I Configuración del Sistema

1. ¿Cuál es el objeto de la Ley 39/2006?

a) Regular la actividad de residencias privadas.
b) Garantizar el derecho a la promoción de la autonomía personal y atención a la dependencia.
c) Financiar el sistema nacional de salud.
d) Definir los roles de los cuidadores no profesionales.

2. ¿Qué se entiende por dependencia según la Ley 39/2006?

a) La necesidad médica continuada.
b) La dificultad para incorporarse al mercado laboral.
c) La necesidad de apoyo para realizar actividades básicas de la vida diaria.
d) La asistencia voluntaria ofrecida por familiares.

3. ¿Cuál de los siguientes NO es un principio de la Ley 39/2006?

a) Universalidad en el acceso.
b) Personalización de la atención.
c) Voluntariedad de la protección pública.
d) Permanencia en el entorno habitual.

4. ¿Qué son las ABVD según la Ley 39/2006?

a) Tareas administrativas.
b) Actividades laborales.
c) Actividades Básicas de la Vida Diaria.
d) Ayudas básicas voluntarias descentralizadas.

5. ¿Qué término define a los servicios ofrecidos por familiares no profesionales?

a) Asistencia profesional.
b) Cuidados no profesionales.
c) Cuidados terciarios.
d) Servicios no estructurados.

6. ¿Qué principio promueve la permanencia en el entorno habitual?

a) Eficiencia económica.
b) Innovación territorial.
c) Autonomía y arraigo.
d) Estrategia comunitaria.

7. ¿Qué derecho tiene una persona en situación de dependencia respecto a su ingreso residencial?

a) Está obligado si lo indica la administración.
b) Puede decidir libremente si tiene capacidad de obrar.
c) Requiere autorización judicial.
d) Lo decide el equipo médico.

8. ¿Qué entidades componen el Sistema para la Autonomía y Atención a la Dependencia?

a) Solo el Ministerio de Sanidad.
b) Centros y servicios públicos y privados coordinados.
c) Exclusivamente ONGs acreditadas.
d) Fundaciones y cooperativas.

9. ¿Qué órgano determina el nivel mínimo de protección?

a) Consejo de Ministros.
b) Delegaciones autonómicas.
c) Gobierno, oído el Consejo Territorial.
d) Tribunal de Cuentas.

10. ¿Qué administración puede establecer niveles adicionales de protección?

a) El Parlamento Europeo.
b) Las Comunidades Autónomas.
c) La Seguridad Social.
d) Los Ayuntamientos.

11. ¿Qué tipo de prestaciones incluye el catálogo del Sistema de Autonomía y Atención a la Dependencia?

a) Únicamente ayudas económicas.
b) Solo servicios residenciales.
c) Servicios y prestaciones económicas.
d) Actividades de ocio.

12. ¿Qué requisito debe cumplir un centro para formar parte del Sistema?

a) Ser gestionado por la Seguridad Social.
b) Estar situado en capital de provincia.
c) Estar debidamente acreditado por la administración competente.
d) Ser de titularidad pública.

13. ¿Cómo se accede al reconocimiento de la situación de dependencia?

a) A través de solicitud y valoración individualizada.
b) Mediante informe médico y valoración técnica.
c) Por recomendación del trabajador social.
d) Por derivación de la Seguridad Social.

14. ¿Cuántos grados de dependencia establece la Ley 39/2006?

a) Dos grados.
b) Cinco niveles.
c) Tres grados.
d) Uno, con subdivisiones.

15. ¿Qué órgano evalúa el grado de dependencia en cada comunidad autónoma?

a) Delegación del Gobierno.
b) El órgano competente en servicios sociales autonómicos.
c) El colegio oficial de médicos.
d) Las mutuas laborales.

En MADTEST tienes **más preguntas de este tema**, y todos tus avances quedan registrados y se reflejan en el ranking.

¡Supera tus límites con MADTEST!

Solución al test n.º 10

1. b) Garantizar el derecho a la promoción de la autonomía personal y atención a la dependencia.

2. c) La necesidad de apoyo para realizar actividades básicas de la vida diaria.

3. c) Voluntariedad de la protección pública.

4. c) Actividades Básicas de la Vida Diaria.

5. b) Cuidados no profesionales.

6. c) Autonomía y arraigo.

7. b) Puede decidir libremente si tiene capacidad de obrar.

8. b) Centros y servicios públicos y privados coordinados.

9. c) Gobierno, oído el Consejo Territorial.

10. b) Las Comunidades Autónomas.

11. c) Servicios y prestaciones económicas.

12. c) Estar debidamente acreditado por la administración competente.

13. b) Mediante informe médico y valoración técnica.

14. c) Tres grados.

15. b) El órgano competente en servicios sociales autonómicos.

TEST N.º 11

Decreto 62/2017, de 19 de mayo, del Consell, por el que se establece el procedimiento para reconocer el grado de dependencia a las personas y el acceso al sistema público de servicios y prestaciones económicas modificado por el Decreto 102/2022, de 5 de agosto, del Consell: Título II. Reconocimiento de la situación de dependencia

1. ¿Cuál es el instrumento específico para valorar la dependencia de menores de 0 a 3 años?

a) BVD.
b) EVA.
c) EVE.
d) BVE.

2. ¿Qué puntuación mínima se necesita para estar exento de presentar informe de salud en el procedimiento?

a) 40 puntos.
b) 35 puntos.
c) 30 puntos.
d) 45 puntos.

3. ¿Quién declara formalmente la emergencia ciudadana en casos de especial vulnerabilidad?

a) La Alcaldía.
b) El trabajador social de atención primaria.
c) La persona titular de la Dirección General con competencias en servicios sociales.
d) La conselleria de sanidad.

4. ¿Dónde debe presentarse preferentemente la solicitud de reconocimiento inicial de dependencia?

a) Registro civil.
b) Ayuntamiento donde se encuentre empadronada la persona solicitante.

c) Hospital de referencia.
d) Oficina del INSS.

5. ¿Qué entidad puede iniciar de oficio una revisión del grado de dependencia?

a) La familia.
b) El centro de salud.
c) La Dirección General competente.
d) El juez de lo social.

6. ¿Qué se produce si la valoración resulta imposible por causas imputables al solicitante?

a) Desestimación de la solicitud.
b) Paralización del procedimiento.
c) Caducidad del procedimiento.
d) Aplazamiento automático.

7. ¿Cuál es el plazo máximo para dictar y notificar la resolución del grado?

a) Un mes.
b) Cuatro meses.
c) Dos meses.
d) Tres meses.

8. ¿Cuál es la validez de la resolución de grado en menores de 3 años?

a) Hasta los 6 años.
b) 2 años.
c) Hasta el cumplimiento de los 3 años.
d) Es indefinida.

9. ¿Qué puntuación corresponde al grado II de dependencia?

a) 25-49 puntos.
b) 75-100 puntos.
c) 50-74 puntos.
d) 0-24 puntos.

10. ¿Qué órgano emite el dictamen técnico de valoración?

a) El Ayuntamiento.
b) La Conselleria de Sanidad.
c) El órgano valorador competente.
d) El centro de salud.

11. ¿Quién realiza el informe social si la persona reside en su domicilio?

a) La Conselleria de Igualdad.
b) Juzgado de primera instancia.
c) Trabajador o trabajadora social de los servicios sociales de atención primaria.
d) Psicólogo clínico de la red pública.

12. ¿Cuál es la puntuación mínima para determinar el grado III de gran dependencia?

a) 64 puntos.
b) 75 puntos.
c) 85 puntos.
d) 100 puntos.

13. ¿Qué sucede si se advierte falta de documentos en el expediente?

a) Se anula el procedimiento.
b) Se resuelve negativamente.
c) Se requiere su subsanación.
d) Se da por desistida automáticamente.

14. ¿Qué otro documento, además del informe social, se valora para determinar el grado?

a) Informe del juez instructor.
b) Ficha médica complementaria.
c) Informe de salud.
d) Acta notarial de dependencia.

15. ¿Qué documento debe presentarse con la solicitud si se opta por cuidados en el entorno familiar?

a) Curriculum del cuidador.
b) Compromiso de permanencia y formación del cuidador.
c) Declaración jurada del grado.
d) Permiso de la conselleria.

En MADTEST tienes **más preguntas de este tema**, y todos tus avances quedan registrados y se reflejan en el ranking.

¡Supera tus límites con MADTEST!

Solución al test n.º 11

1. c) EVE.

2. d) 45 puntos.

3. c) La persona titular de la Dirección General con competencias en servicios sociales.

4. b) Ayuntamiento donde se encuentre empadronada la persona solicitante.

5. c) La Dirección General competente.

6. c) Caducidad del procedimiento.

7. d) Tres meses.

8. c) Hasta el cumplimiento de los 3 años.

9. c) 50-74 puntos.

10. c) El órgano valorador competente.

11. c) Trabajador o trabajadora social de los servicios sociales de atención primaria.

12. b) 75 puntos.

13. c) Se requiere su subsanación.

14. c) Informe de salud.

15. b) Compromiso de permanencia y formación del cuidador.

TEST N.º 12

Ley 3/2024, de 30 de octubre, para mejorar la calidad de vida de personas con Esclerosis Lateral Amiotrófica y otras enfermedades o procesos de alta complejidad y curso irreversible

1. ¿En qué fecha la Comisión Europea renovó su Estrategia sobre los Derechos de las Personas con Discapacidad (2021-2030)?

a) En mayo de 2016.
b) En marzo de 2021.
c) En marzo de 2007.
d) En mayo de 2018.

2. ¿De qué fecha es la «Estrategia en Enfermedades Neurodegenerativas del Sistema Nacional de Salud»?

a) 2016.
b) 2021.
c) 2007.
d) 2018.

3. ¿De qué fecha es el documento de «Abordaje de la Esclerosis Lateral Amiotrófica»?

a) 2016.
b) 2021.
c) 2007.
d) 2018.

4. La Ley 3/2024, de 30 de octubre, para mejorar la calidad de vida de personas con Esclerosis Lateral Amiotrófica y otras enfermedades o procesos de alta complejidad y curso irreversible (Ley 3/2024, de 30 de octubre, en adelante), tiene como finalidad, de acuerdo con su artículo 1.1:

a) Mejorar la calidad de vida y el acceso a servicios especializados de aquellas personas que padecen Esclerosis Lateral Amiotrófica (en adelante, ELA) y otras enfermedades o procesos de alta complejidad y curso irreversible a las que se refiere el artículo 1.
b) Mejorar la calidad de vida y el acceso a servicios especializados de aquellas personas que padecen Esclerosis Lateral Amiotrófica (en adelante, ELA) y otras enfermedades o procesos de alta complejidad y curso irreversible a las que se refiere el artículo 2.

c) Establecer un marco jurídico que refleje el compromiso de la sociedad y, en particular, de las administraciones públicas competentes, de asegurar un trato digno, respetuoso y adecuado para las personas incluidas en su ámbito de aplicación, así como sus familias, teniendo en cuenta, particularmente, los reducidos rangos temporales de supervivencia en el caso de la ELA y otras enfermedades similares.

d) Mejorar la calidad de vida y el acceso a servicios especializados de aquellas personas que padecen Esclerosis Lateral Amiotrófica (en adelante, ELA) y otras enfermedades o procesos de alta complejidad y curso irreversible a las que se refiere el artículo 4.

5. Conforme al artículo 1.2 de Ley 3/2024, de 30 de octubre, el objeto de la ley es:

a) Mejorar la calidad de vida y el acceso a servicios especializados de aquellas personas que padecen Esclerosis Lateral Amiotrófica (en adelante, ELA) y otras enfermedades o procesos de alta complejidad y curso irreversible a las que se refiere el artículo 1.

b) Mejorar la calidad de vida y el acceso a servicios especializados de aquellas personas que padecen Esclerosis Lateral Amiotrófica (en adelante, ELA) y otras enfermedades o procesos de alta complejidad y curso irreversible a las que se refiere el artículo 2.

c) Establecer un marco jurídico que refleje el compromiso de la sociedad y, en particular, de las administraciones públicas competentes, de asegurar un trato digno, respetuoso y adecuado para las personas incluidas en su ámbito de aplicación, así como sus familias, teniendo en cuenta, particularmente, los reducidos rangos temporales de supervivencia en el caso de la ELA y otras enfermedades similares.

d) Mejorar la calidad de vida y el acceso a servicios especializados de aquellas personas que padecen Esclerosis Lateral Amiotrófica (en adelante, ELA) y otras enfermedades o procesos de alta complejidad y curso irreversible a las que se refiere el artículo 4.

6. De acuerdo con la Disposición final novena. "Entrada en vigor". La Ley 3/2024, de 30 de octubre entrará en vigor:

a) El 31 de octubre de 2024.

b) A los diez días siguientes al de su publicación en el «Boletín Oficial del Estado».

c) A los veinte días siguientes al de su publicación en el «Boletín Oficial del Estado».

d) El día siguiente al de su publicación en el «Boletín Oficial del Estado».

7. Conforme al artículo 2.2 de la Ley 3/2024, de 30 de octubre, se aplicará también a las personas que padezcan otras enfermedades o procesos neurológicos irreversibles y de alta complejidad en su cuidado y que cumplan los siguientes criterios:

a) Tener una condición irreversible y con una reducción significativa de supervivencia.

b) No haber tenido una respuesta significativa al tratamiento, o cuando no existan alternativas terapéuticas que vayan a mejorar el estado funcional o el pronóstico de estas personas.

c) Precisar cuidados sociales y sanitarios complejos, centrados en el ámbito domiciliario y que supongan un alto impacto para el entorno cercano de las personas afectadas.

d) Todas las respuestas son correctas.

8. Según la Disposición final séptima de la Ley 3/2024, de 30 de octubre, "Desarrollo reglamentario para la determinación del ámbito de aplicación de la ley", ¿en que plazo el Gobierno aprobará un reglamento que definirá los criterios a los que se refieren los apartados 2 y 3 del artículo 2 e incorporará un anexo con un listado de enfermedades y procesos a los que resultará aplicable la presente ley?

a) En el plazo de seis meses desde la publicación en el «Boletín Oficial del Estado» de esta norma.

b) En el plazo de un año desde la publicación en el «Boletín Oficial del Estado» de esta norma.

c) En el plazo de nueve meses desde la publicación en el «Boletín Oficial del Estado» de esta norma.

d) En el plazo de dos años desde la publicación en el «Boletín Oficial del Estado» de esta norma.

9. De acuerdo con el artículo 3 de la Ley 3/2024, de 30 de octubre se considerará, a todos los efectos, que las personas incluidas en el ámbito de aplicación de esta norma que sean pensionistas de la Seguridad Social y tengan reconocida una pensión de incapacidad permanente en el grado de total, absoluta o gran incapacidad y aquellas que sean pensionistas de clases pasivas y tengan reconocida una pensión de jubilación o de retiro por incapacidad permanente para el servicio o inutilidad, presentan:

a) Una discapacidad en grado igual o superior al 33 por ciento.

b) Una discapacidad en grado igual o superior al 50 por ciento.

c) Una discapacidad en grado igual o superior al 60 por ciento.

d) Una discapacidad en grado igual o superior al 75 por ciento.

10. Conforme al artículo 4 de la Ley 3/2024, de 30 de octubre, la revisión del grado de discapacidad podrá solicitarse en cualquier momento a instancia de la persona interesada incluida en el ámbito de aplicación de esta norma, estableciéndose para la resolución de la revisión del grado de discapacidad un plazo máximo de:

a) Un mes.

b) Dos meses.

c) Tres meses.

d) Seis meses.

11. De acuerdo con el artículo 5 de la Ley 3 /2024 de 30 de octubre, la resolución de calificación del grado de dependencia y del derecho a las prestaciones del Sistema de dependencia reguladas en el artículo 28 de la Ley 39/2006, de 14 de diciembre, de Promoción de la Autonomía Personal y Atención a las personas en situación de dependencia en el ámbito de aplicación de esta norma, otorgará:

a) Un Grado I desde el diagnóstico de la enfermedad o proceso correspondiente.

b) Un Grado II desde el diagnóstico de la enfermedad o proceso correspondiente.

c) Un Grado III desde el diagnóstico de la enfermedad o proceso correspondiente.

d) Un Grado IV desde el diagnóstico de la enfermedad o proceso correspondiente.

12. La resolución de calificación según el artículo 5 de la Ley 3 /2024 de 30 de octubre, deberá producirse en el plazo máximo de:

a) Un mes desde la solicitud, en el supuesto de personas incluidas en el ámbito de aplicación de esta norma.

b) Dos meses desde la solicitud, en el supuesto de personas incluidas en el ámbito de aplicación de esta norma.

c) Tres meses desde la solicitud, en el supuesto de personas incluidas en el ámbito de aplicación de esta norma.

d) Seis meses desde la solicitud, en el supuesto de personas incluidas en el ámbito de aplicación de esta norma.

13. El artículo 28 de la Ley 39/2006, de 14 de diciembre, de Promoción de la Autonomía Personal y Atención a las personas en situación de dependencia, dispone que el procedimiento se iniciará a instancia de la persona que pueda estar afectada por algún grado de dependencia o de quien ostente su representación, y su tramitación se ajustará a las previsiones establecidas en:

a) La Ley 39/2015, de 1 de octubre, del Procedimiento Administrativo Común de las Administraciones Públicas, con las especificidades que resulten de la presente Ley.

b) La Ley 40/2015, de 1 de octubre, de Régimen Jurídico del Sector Público, con las especificidades que resulten de la presente Ley.

c) Ley 39/2006, de 14 de diciembre, de Promoción de la Autonomía Personal y Atención a las personas en situación de dependencia, con las especificidades que resulten de la presente Ley.

d) Todas las respuestas son correctas.

14. El reconocimiento de la situación de dependencia conforme al artículo 28.2 de la Ley 39/2006, de 14 de diciembre, de Promoción de la Autonomía Personal y Atención a las personas en situación de dependencia, se efectuará mediante resolución expedida por:

a) La Administración del Estado y tendrá validez en todo el territorio del Estado.

b) La Administración Autonómica correspondiente a la residencia del solicitante y tendrá validez en todo el territorio del Estado.

c) La Administración Local correspondiente a la residencia del solicitante y tendrá validez en todo el territorio del Estado.

d) La Administración del Estado y tendrá validez en la Administración Autonómica correspondiente a la residencia del solicitante.

15. Según el artículo 28.5 de la Ley 39/2006, de 14 de diciembre, de Promoción de la Autonomía Personal y Atención a las personas en situación de dependencia, los criterios básicos de procedimiento para el reconocimiento de la situación de dependencia y las características comunes del órgano y profesionales que procedan al reconocimiento serán acordados por:

a) La Administración del Estado.
b) La Administración Autonómica correspondiente a la residencia del solicitante.
c) La Administración Local correspondiente a la residencia del solicitante.
d) El Consejo Territorial del Sistema para la Autonomía y Atención a la Dependencia.

En MADTEST tienes **más preguntas de este tema**, y todos tus avances quedan registrados y se reflejan en el ranking.

¡Supera tus límites con MADTEST!

Solución al test n.º 12

1. b) En marzo de 2021.

2. a) 2016.

3. d) 2018.

4. b) Mejorar la calidad de vida y el acceso a servicios especializados de aquellas personas que padecen Esclerosis Lateral Amiotrófica (en adelante, ELA) y otras enfermedades o procesos de alta complejidad y curso irreversible a las que se refiere el artículo 2.

5. c) Establecer un marco jurídico que refleje el compromiso de la sociedad y, en particular, de las administraciones públicas competentes, de asegurar un trato digno, respetuoso y adecuado para las personas incluidas en su ámbito de aplicación, así como sus familias, teniendo en cuenta, particularmente, los reducidos rangos temporales de supervivencia en el caso de la ELA y otras enfermedades similares.

6. d) El día siguiente al de su publicación en el «Boletín Oficial del Estado».

7. d) Todas las respuestas son correctas.

8. b) En el plazo de un año desde la publicación en el «Boletín Oficial del Estado» de esta norma.

9. a) Una discapacidad en grado igual o superior al 33 por ciento.

10. c) Tres meses.

11. a) Un Grado I desde el diagnóstico de la enfermedad o proceso correspondiente.

12. c) Tres meses desde la solicitud, en el supuesto de personas incluidas en el ámbito de aplicación de esta norma.

13. a) La Ley 39/2015, de 1 de octubre, del Procedimiento Administrativo Común de las Administraciones Públicas, con las especificidades que resulten de la presente Ley.

14. b) La Administración Autonómica correspondiente a la residencia del solicitante y tendrá validez en todo el territorio del Estado.

15. d) El Consejo Territorial del Sistema para la Autonomía y Atención a la Dependencia.

TEST N.º 13

Procedimiento de actuación elaborado por la Generalitat para los Servicios Sociales ante una posible situación de maltrato de una persona mayor

1. La Ley Orgánica 1/2004 tiene por objeto:

a) Actuar contra la violencia que, como manifestación de la discriminación, la situación de desigualdad y las relaciones de poder de los hombres sobre las mujeres, se ejerce sobre éstas por parte de quienes sean o hayan sido sus cónyuges o de quienes estén o hayan estado ligados a ellas por relaciones similares de afectividad, aun sin convivencia.

b) Actuar contra la violencia que, como manifestación de la discriminación, la situación de desigualdad y las relaciones de poder de los hombres sobre las mujeres, se ejerce sobre éstas por parte de quienes sean o hayan sido sus cónyuges o de quienes estén o hayan estado ligados a ellas por relaciones similares de afectividad, siempre que exista convivencia.

c) Actuar contra la violencia que, como manifestación de la discriminación, la situación de desigualdad y las relaciones de poder de los hombres sobre las mujeres, se ejerce sobre éstas por parte de quienes sean sus cónyuges o de quienes estén ligados a ellas por relaciones similares de afectividad, siempre que exista convivencia.

d) Actuar contra la violencia que, como manifestación de la discriminación, la situación de desigualdad y las relaciones de poder de los hombres sobre las mujeres, se ejerce sobre éstas por parte de quienes sean sus cónyuges o de quienes estén ligados a ellas por relaciones similares de afectividad, aun sin convivencia.

2. Conforme al artículo 3 de la Ley Orgánica 1/2004, el Plan Nacional de Sensibilización y Prevención de la Violencia de Género debe dirigirse tanto a hombres como a mujeres desde un trabajo comunitario y:

a) Multidisciplinar.
b) Integral.

c) Complementario.
d) Intercultural.

3. Conforme al artículo 3 de la Ley Orgánica 1/2004, con el fin de prevenir la violencia de género, en el marco de sus competencias, los poderes públicos deben impulsar:

a) Cursos de información y sensibilización.
b) Campañas de información y sensibilización.
c) Programas de información y sensibilización.
d) Jornadas de información y sensibilización.

4. La Ley Orgánica de Medidas de Protección integral contra la Violencia de Género, determina que desarrollar actividades en la resolución pacífica de conflictos y fomentar el respeto a la dignidad de las personas y a la igualdad entre hombres y mujeres, estará incluido entre los objetivos de:

a) La Educación Secundaria Obligatoria.
b) El Bachillerato y la Formación Profesional.
c) Las Universidades.
d) La enseñanza para las personas adultas.

5. Según la Ley Orgánica de Medidas de Protección integral contra la Violencia de Género, contribuirá a desarrollar en el alumnado su capacidad para adquirir habilidades en la resolución pacífica de conflictos y para comprender y respetar la igualdad entre sexos:

a) La educación infantil.
b) La educación primaria.
c) La educación secundaria obligatoria.
d) El bachillerato.

6. Según el artículo 4.2 de la Ley Orgánica 1/2004, de 28 de diciembre, de Medidas de Protección Integral Contra la Violencia de Género, la Educación Infantil contribuirá a desarrollar en la infancia:

a) La habilidad para comprender y respetar la igualdad entre sexos.
b) El aprendizaje en la resolución pacífica de conflictos.
c) La capacidad para conocer, valorar y respetar la igualdad de oportunidades de hombres y mujeres.
d) La capacidad para analizar y valorar críticamente las desigualdades de sexo y fomentar la igualdad real y efectiva entre hombres y mujeres.

7. Cuando las víctimas de violencia de género careciesen de rentas superiores, en cómputo mensual, al 75 por 100 del salario mínimo interprofesional, excluida la parte proporcional de dos pagas extraordinarias, recibirán una ayuda de pago único, siempre que se presuma que debido a su edad, falta de preparación general o especializada y circunstancias sociales, la víctima tendrá especiales dificultades para obtener un empleo y por dicha circunstancia no participará en los programas de empleo establecidos para su inserción profesional. El importe de esta ayuda será equivalente:

a) Al de 3 meses de subsidio por desempleo.
b) Al de 6 meses de subsidio por desempleo.
c) Al de 9 meses de subsidio por desempleo.
d) Al de 12 meses de subsidio por desempleo.

8. ¿A qué órgano corresponde proponer la política del Gobierno en relación con la violencia sobre la mujer y coordinar e impulsar todas las actuaciones que se realicen en dicha materia?

a) Observatorio Estatal de Violencia sobre la Mujer.
b) Delegación del Gobierno contra la Violencia de Género.
c) Consejo de Participación de la Mujer.
d) Comisión Interministerial de Igualdad entre Mujeres y Hombres.

9. Las empresas que formalicen contratos de interinidad para sustituir a trabajadoras víctimas de violencia de género que hayan suspendido su contrato de trabajo, tendrán derecho a una bonificación durante todo el período de suspensión de la trabajadora sustituida del siguiente porcentaje de las cuotas empresariales a la Seguridad Social por contingencias comunes:

a) 30 %.
b) 50 %.
c) 60 %.
d) 100 %.

10. A las trabajadoras por cuenta propia víctimas de violencia de género que cesen en su actividad para hacer efectiva su protección o su derecho a la asistencia social integral, se les suspenderá la obligación de cotización durante un período que les será considerado como de cotización efectiva a efectos de las prestaciones de Seguridad Social, de:

a) 6 meses.
b) 9 meses.
c) 1 año.
d) 18 meses.

11. Para garantizar un tratamiento adecuado y eficaz de la situación jurídica, familiar y social de las víctimas de violencia de género en las relaciones intrafamiliares, la Ley Orgánica de Medidas de Protección integral contra la Violencia de Género establece la llamada:

a) Defensa jurídica.
b) Tutela judicial.
c) Justicia gratuita.
d) Fiscalía de la Mujer.

12. Señala la palabra que falta en la siguiente frase. Las Administraciones educativas adoptarán las medidas necesarias para que en los planes de formación inicial y permanente del profesorado se incluya una formación específica en materia de igualdad, con el fin de asegurar que adquieren los conocimientos y las técnicas necesarias que les habiliten para el fomento de actitudes encaminadas al ejercicio de iguales derechos y obligaciones por parte de mujeres y hombres, tanto en el ámbito público como privado, y la .... entre los mismos en el ámbito doméstico.

a) Transversalidad.
b) Alternancia.
c) Independencia.
d) Corresponsabilidad.

13. Según la Ley Orgánica de Medidas de Protección integral contra la Violencia de Género, la difusión de informaciones relativas a la violencia sobre la mujer garantizará, con la correspondiente objetividad informativa, la defensa de los derechos humanos, la libertad y dignidad de las mujeres víctimas de violencia y de sus hijos. En particular, se tendrá especial cuidado en:

a) El tratamiento gráfico de las informaciones.
b) La descripción de las vejaciones.
c) Respetar la presunción de inocencia.
d) Preservar la identidad del maltratador.

14. La Comisión contra la Violencia de Género del Consejo Interterritorial del Sistema Nacional de Salud estará compuesta por representantes:

a) De todos los Parlamentos autonómicos.
b) De las asociaciones y organizaciones no gubernamentales cuyo fin sea la prevención y erradicación de la violencia de género.
c) De todas las Comunidades Autónomas con competencia en la materia.
d) De todos los partidos políticos con representación parlamentaria.

15. En los instrumentos y procedimientos de cooperación entre la Administración General del Estado y la Administración de las Comunidades Autónomas en materia de asistencia social integral, se incluirán compromisos de aportación, por parte de la Administración General del Estado, de recursos financieros referidos específicamente a:

a) La prestación de los servicios.
b) La formación de personal.
c) La publicidad de las acciones realizadas.
d) La elaboración de estadísticas fiables.

En MADTEST tienes **más preguntas de este tema**, y todos tus avances quedan registrados y se reflejan en el ranking.

¡Supera tus límites con MADTEST!

Solución al test n.º 13

1. a) Actuar contra la violencia que, como manifestación de la discriminación, la situación de desigualdad y las relaciones de poder de los hombres sobre las mujeres, se ejerce sobre éstas por parte de quienes sean o hayan sido sus cónyuges o de quienes estén o hayan estado ligados a ellas por relaciones similares de afectividad, aun sin convivencia.

2. d) Intercultural.

3. b) Campañas de información y sensibilización.

4. d) La enseñanza para las personas adultas.

5. b) La educación primaria.

6. b) El aprendizaje en la resolución pacífica de conflictos.

7. b) Al de 6 meses de subsidio por desempleo.

8. b) Delegación del Gobierno contra la Violencia de Género.

9. d) 100 %.

10. a) 6 meses.

11. b) Tutela judicial.

12. d) Corresponsabilidad.

13. a) El tratamiento gráfico de las informaciones.

14. c) De todas las Comunidades Autónomas con competencia en la materia.

15. a) La prestación de los servicios.

TEST N.º 14

Ley 7/2012, de 23 de noviembre, de la Generalitat, Integral contra la Violencia sobre la Mujer en el ámbito de la Comunitat Valenciana: Título Preliminar y Título I. Derechos de las víctimas de la violencia. Título II. Medidas de la Generalitat para hacer frente a la violencia sobre la mujer

1. ¿Cuál es el objetivo principal de la Ley 7/2012 de la Generalitat Valenciana?

a) Establecer medidas fiscales para mujeres víctimas.
b) Impulsar la participación política de las mujeres.
c) Eliminar la violencia contra la mujer con medidas integrales.
d) Regular los matrimonios entre menores.

2. ¿Qué forma de violencia incluye amenazas, humillaciones y destrucción de bienes?

a) Violencia física.
b) Violencia económica.
c) Violencia psicológica.
d) Violencia sexual.

3. ¿Cuál de los siguientes principios rectores busca dar una respuesta rápida en emergencias?

a) Equilibrio territorial.
b) Inmediatez.
c) Especialización.
d) Transversalidad.

4. ¿Cuál de estos documentos sirve para acreditar violencia sobre la mujer según la ley?

a) Certificado del padrón municipal.
b) Informe del Ministerio Fiscal con indicios.

c) Denuncia verbal a un amigo.
d) Declaración firmada por el agresor.

5. ¿Qué derecho garantiza que la víctima reciba atención social, médica y psicológica?

a) Derecho a la protección efectiva.
b) Derecho a la información.
c) Derecho a la atención integral y especializada.
d) Derecho a la intimidad.

6. ¿Cuál de los siguientes colectivos tiene prioridad en el acceso a recursos asistenciales?

a) Mujeres mayores de 65 años.
b) Mujeres en situación administrativa irregular.
c) Mujeres con discapacidad.
d) Mujeres extranjeras comunitarias.

7. ¿Qué principio garantiza la coordinación entre servicios sociales, sanitarios y judiciales?

a) Especialización.
b) Equilibrio territorial.
c) Coordinación institucional.
d) Atención individualizada.

8. ¿Qué derecho tienen las víctimas respecto a sus datos personales?

a) Que se publiquen para promover la denuncia.
b) Que se compartan libremente con ONGs.
c) Que sean protegidos con estricta confidencialidad.
d) Que se vendan a empresas colaboradoras.

9. ¿Qué recurso de alojamiento se ofrece en situaciones de alto riesgo?

a) Piso compartido.
b) Centro de día.
c) Centro de emergencia.
d) Centro ocupacional.

10. ¿Cuál es una de las funciones del Observatorio Valenciano de la Violencia sobre la Mujer?

a) Proteger testigos.
b) Controlar el gasto público.

c) Coordinar los cuerpos de seguridad.

d) Evaluar políticas públicas contra la violencia de género.

11. ¿Qué nivel de atención presta el centro mujer 24 horas?

a) Solo asesoría legal.

b) Atención integral especializada.

c) Apoyo comunitario.

d) Reparto de ayudas económicas.

12. ¿Qué tipo de violencia contempla la ley además de la física y psicológica?

a) Cultural.

b) Política.

c) Económica.

d) Lúdica.

13. ¿Qué principio garantiza la actuación específica según las necesidades de cada víctima?

a) Proporcionalidad.

b) Atención individualizada.

c) Colectividad.

d) Generalización.

14. ¿Qué acción NO forma parte del plan de sensibilización social?

a) Campañas educativas.

b) Formación al personal sanitario.

c) Talleres en centros escolares.

d) Reforzar la vigilancia en fronteras.

15. ¿Qué entidad es responsable de coordinar los recursos de atención en violencia de género en la Comunidad Valenciana?

a) La Policía Nacional.

b) Las diputaciones provinciales.

c) La Conselleria competente en materia de igualdad.

d) El Defensor del Pueblo.

En MADTEST tienes **más preguntas de este tema**, y todos tus avances quedan registrados y se reflejan en el ranking.

¡Supera tus límites con MADTEST!

Solución al test n.º 14

1. c) Eliminar la violencia contra la mujer con medidas integrales.

2. c) Violencia psicológica.

3. b) Inmediatez.

4. b) Informe del Ministerio Fiscal con indicios.

5. c) Derecho a la atención integral y especializada.

6. c) Mujeres con discapacidad.

7. c) Coordinación institucional.

8. c) Que sean protegidos con estricta confidencialidad.

9. c) Centro de emergencia.

10. d) Evaluar políticas públicas contra la violencia de género.

11. b) Atención integral especializada.

12. c) Económica.

13. b) Atención individualizada.

14. d) Reforzar la vigilancia en fronteras.

15. c) La Conselleria competente en materia de igualdad.

El papel del/la profesional especialista de atención sociosanitaria en actividades de ocio y tiempo libre. Prevención de la salud del/la especialista de atención sociosanitaria: educación postural, trastornos de la voz, estrés laboral

1. ¿Cuál es el tamaño máximo recomendable de una carga (alto x ancho x profundo, en cm)?

a) 70 x 50 x 50.
b) 60 x 60 x 60.
c) 60 x 60 x 50.
d) 80 x 60 x 60.

2. ¿Qué distancias indicarán las «coordenadas» de la situación espacial de la carga?

a) Distancias H y T.
b) Distancias T y V.
c) Distancias H y S.
d) Distancias H y V.

3. ¿A qué se denomina la disminución de la capacidad física y mental después de realizar un trabajo?

a) Carga mental.
b) Fatiga.
c) Adinamia.
d) Estrés.

4. La carga mental se denomina también:

a) Esfuerzo intelectual.
b) Esfuerzo mental.

c) Carga psíquica.
d) Carga cognitiva.

5. ¿Cómo se llama también el síndrome de quemado o de agotamiento profesional?

a) Mobbing.
b) Burnout.
c) Eustrés.
d) Distrés.

6. La ciencia de la adaptación del trabajo al hombre es:

a) Laborterapia.
b) Ergonomía.
c) Terapia Ocupacional.
d) Ninguna de las anteriores.

7. ¿Qué ergonomía se encarga del estudio de la relación entre el ser humano y las condiciones métricas de su puesto de trabajo en lo relativo a su comodidad y confort estático, tanto en posiciones de pie como sentado, pie-sentado, etc.?

a) Ergonomía geométrica.
b) Ergonomía geográfica.
c) Ergonomía ambiental.
d) Ergonomía temporal.

8. Los esfuerzos repetitivos de las muñecas pueden ocasionar:

a) Tendinitis.
b) Cefaleas.
c) Lumbalgias.
d) Todo lo anterior.

9. ¿Qué riesgo en particular pueden presentar más frecuentemente las cargas de peso en diferentes situaciones cuando es demasiado pesada o demasiado voluminosa?

a) Riesgo craneocervical.
b) Riesgo cervical.
c) Riesgo dorsocervical.
d) Riesgo dorsolumbar.

10. ¿En qué circunstancias el medio de trabajo no aumenta el riesgo, particularmente dorsolumbar?

a) Cuando el espacio libre, especialmente vertical, resulta insuficiente para el ejercicio de la actividad de que se trate.
b) Cuando el suelo es regular.
c) Cuando la situación o el medio de trabajo no permite al trabajador la manipulación manual de cargas a una altura segura.
d) Cuando la situación o el medio de trabajo no permite al trabajador la manipulación manual de cargas en una postura correcta.

11. Una de las principales finalidades del acompañamiento es favorecer la relación social en el ámbito:

a) Familiar.
b) Centro residencial.
c) Centro de ocio.
d) Todas son correctas.

12. Dentro de las acciones que se pueden realizar a nivel individual con la persona dependiente que es suficientemente autónoma y no precisa de ayudas técnicas para su movilidad, encontramos:

a) Incentivar a la persona para que aprenda la forma de relacionarse en los comercio.
b) Incentivar a la persona a hacer trámites personales.
c) Incentivar uso de transporte público.
d) Todas son correctas.

13. ¿Qué tipo de beneficios para el paciente ejerce el ejercicio programado, sistémico y bajo el control de monitores especializados?

a) Mejorar el funcionamiento del aparato cardiocirculatorio.
b) Aumenta la capacidad vital.
c) Mejora la ventilación pulmonar.
d) Todas son correctas.

14. ¿Qué tipo de enfermedades según la OMS, se pueden prevenir o reducir su aparición, gracias a la realización de ejercicio físico regular?

a) Enfermedades cardiovasculares.
b) Ceguera.
c) Artrosis reumatoide.
d) Demencia.

15. Según la OMS, la práctica deportiva en las personas dependientes contribuye a:

a) Minimizar los efectos fisiológicos del envejecimiento.
b) Limitar el desarrollo de diversas enfermedades crónicas.
c) Prevenir enfermedades inmunológicas.
d) Las opciones a) y b) son conectas.

En MADTEST tienes **más preguntas de este tema**, y todos tus avances quedan registrados y se reflejan en el ranking.

¡Supera tus límites con MADTEST!

Solución al test n.º 15

1. c) 60 x 60 x 50.

2. d) Distancias H y V.

3. b) Fatiga.

4. d) Carga cognitiva.

5. b) Burnout.

6. b) Ergonomía.

7. a) Ergonomía geométrica.

8. a) Tendinitis.

9. d) Riesgo dorsolumbar.

10. b) Cuando el suelo es regular.

11. d) Todas son correctas.

12. d) Todas son correctas.

13. d) Todas son correctas.

14. a) Enfermedades cardiovasculares.

15. d) Las opciones a) y b) son conectas.

TEST N.º 16

**Actuaciones del/la profesional especialista de atención
sociosanitaria en caso de urgencias: crisis epilépticas,
atragantamientos, quemaduras, traumatismos, intoxicaciones.
Trastornos de la conducta: El manejo por parte
del/la profesional de atención sociosanitaria**

1. Una patología que puede llevar a la muerte y que debe ser atendida en un tiempo inferior a una hora, según la OMS, es:

a) Un accidente.
b) Un siniestro.
c) Una urgencia.
d) Una emergencia.

2. El mayor pico de mortalidad originado en los politraumatizados es:

a) En la primera hora.
b) En las primeras 24 horas.
c) En las semanas posteriores.
d) La mortalidad en los politraumatizados no presenta un pico reconocido.

3. ¿Cuál es el orden en el que se debe realizar una evaluación en un paciente politraumatizado en la valoración secundaria?

a) Primero se debe realizar un examen neurológico, seguido de una exploración en busca de lesiones externas.
b) Primero se debe realizar un examen neurológico, seguido de una exploración de cabeza, cuello, tórax y abdomen.
c) La evaluación debe comenzar por la exploración de la cabeza, para seguir con cuello, abdomen y pelvis, y finalizar con un examen neurológico.
d) La evaluación debe comenzar por la exploración de cabeza, cuello, tórax, abdomen, pelvis, extremidades y finalizar con un examen neurológico.

4. ¿Qué es un traumatismo craneoencefálico?

a) Un impacto violento recibido por un sujeto en las regiones craneal y facial.
b) Un impacto recibido por un sujeto en la región craneal.
c) Una pérdida estructural de una parte del cuerpo.
d) La pérdida del conocimiento por un impacto violento en la región craneal.

5. En la inspección de las pupilas en una valoración neurológica de un paciente con traumatismo craneoencefálico, una relación entre ambas pupilas disocóricas quiere decir que:

a) Ambas pupilas son iguales.
b) Las pupilas no reaccionan.
c) Las pupilas son desiguales.
d) Las pupilas tienen forma irregular.

6. Para valorar la extensión de una quemadura se usa:

a) La regla de los 9.
b) La regla de Wallace.
c) La regla de los 10.
d) Las respuestas a) y b) son correctas.

7. ¿Qué es la uremia?

a) Es una pérdida de conciencia debido a una baja cantidad de glucosa en sangre.
b) Es una pérdida de conciencia debido a una alta cantidad de glucosa en sangre.
c) Es una complicación grave de las enfermedades del riñón, que puede provocar un estado de somnolencia capaz de llevar al coma.
d) Es una complicación leve de las enfermedades del riñón, que puede provocar un estado de somnolencia capaz de llevar al coma.

8. Las catecolaminas producen:

a) Vasoconstricción arterial y venosa, desvía el flujo de sangre de órganos no vitales a los vitales.
b) Elevación de frecuencia cardiaca y respiratoria.
c) Elevación de tensión arterial y gasto cardíaco.
d) Todas las respuestas son correctas.

9. Para poder elaborar un diagnóstico definitivo en un paciente intoxicado se debe recabar la máxima información posible. Se intentará conseguir:

a) Nombre del producto y cantidad del producto ingerido.
b) Vía de administración por la que se ha producido la ingesta y posibles mezclas.

c) Tiempo transcurrido desde la administración del producto y antecedentes patológicos previos del individuo.

d) Todas las respuestas son correctas.

10. ¿Cuál de los siguientes es el tratamiento para la intoxicación por paracetamol?

a) El tratamiento es sintomático.

b) El tratamiento indicado es el lavado gástrico incluso pasadas 12 horas, monitorización cardiaca y administración de bicarbonato sódico.

c) El tratamiento específico es la administración de su antídoto, N-acetilcisteína y si la ingesta es reciente están indicados el lavado gástrico y el carbón activado.

d) El tratamiento consiste en el lavado gástrico y carbón gástrico y la administración intravenosa de flumazenil.

11. ¿Cuál es la clínica de la intoxicación por litio?

a) Náuseas, vómitos, diarrea, ataxia, disartria, depresión del nivel de conciencia, convulsiones, poliuria e hiponatremia.

b) Sopor, pérdida de reflejos, hipotermia, hipotensión y trastornos motores.

c) Alteración del nivel de conciencia, depresión del SNC, ataxia, náuseas y vómitos.

d) Disartria, hiperreflexia, depresión respiratoria, convulsiones e hipotensión.

12. ¿Cuáles son las valoraciones que se deben hacer a un paciente con un traumatismo craneoencefálico?

a) Valoración respiratoria y neurológica.

b) Valoración circulatoria y externa en busca de heridas.

c) Valoración respiratoria, circulatoria y neurológica.

d) Valoración circulatoria e inspección, palpación y auscultación de la cabeza.

13. ¿Qué tres parámetros se evalúan en la atención de enfermería de un paciente con un traumatismo craneoencefálico para evaluar su conciencia?

a) Apertura de ojos, respuesta verbal y respuesta motora.

b) Apertura de ojos, respuesta pupilar ante un foco de luz y respuesta verbal.

c) La relación entre las pupilas, la presión intracraneal y la capacidad pulmonar.

d) Respuesta motora, respuesta verbal y respuesta pupilar a la luz.

14. Los signos y síntomas de las fracturas consisten en:

a) Hinchazón, cambios de color, mareos, náuseas, delirios.

b) Torpeza, sudoración, angustia, fatiga, hinchazón local, arritmias y cambios de humor.

c) Dolor, pérdida de función, deformidad, acortamiento, crepitación, hinchazón local y cambios de color.

d) Ninguna de las respuestas anteriores es cierta.

15. En las fracturas de huesos largos los fragmentos pueden presentar un traslado de:

a) 3 a 6 cm.
b) 1,5 a 5 cm.
c) 2,5 a 4,5 cm.
d) 2,5 a 5 cm.

En MADTEST tienes **más preguntas de este tema**, y todos tus avances quedan registrados y se reflejan en el ranking.

¡Supera tus límites con MADTEST!

Solución al test n.º 16

1. d) Una emergencia.

2. a) En la primera hora.

3. d) La evaluación debe comenzar por la exploración de cabeza, cuello, tórax, abdomen, pelvis, extremidades y finalizar con un examen neurológico.

4. a) Un impacto violento recibido por un sujeto en las regiones craneal y facial.

5. d) Las pupilas tienen forma irregular.

6. d) Las respuestas a) y b) son correctas.

7. c) Es una complicación grave de las enfermedades del riñón, que puede provocar un estado de somnolencia capaz de llevar al coma.

8. d) Todas las respuestas son correctas.

9. d) Todas las respuestas son correctas.

10. c) El tratamiento específico es la administración de su antídoto, N-acetilcisteína y si la ingesta es reciente están indicados el lavado gástrico y el carbón activado.

11. a) Náuseas, vómitos, diarrea, ataxia, disartria, depresión del nivel de conciencia, convulsiones, poliuria e hiponatremia.

12. c) Valoración respiratoria, circulatoria y neurológica.

13. a) Apertura de ojos, respuesta verbal y respuesta motora.

14. c) Dolor, pérdida de función, deformidad, acortamiento, crepitación, hinchazón local y cambios de color.

15. d) 2,5 a 5 cm.

TEST N.º 17

Necesidades posturales del usuario/a de un servicio asistencial: posición corporal, cambios posturales, movilizaciones, traslado del usuario/a, tipos de cama

1. La altura de los techos mínima (en cm) de la habitación del paciente debe ser:

a) 220.
b) 250.
c) 270.
d) 285.

2. ¿Qué tipo de iluminación es indispensable en la habitación del paciente?

a) Luz natural (sol).
b) Luz artificial día.
c) Luz artificial noche.
d) Luz artificial halógena.

3. ¿Cuánto tiempo al día habrá que abrir ventanas para ventilar, si el hospital no dispone de aire acondicionado o está averiado?

a) 10 a 15 minutos, en diferentes intervalos.
b) 30 a 45 minutos, en diferentes intervalos.
c) 1 a 2 horas, en diferentes intervalos.
d) Más de 4 horas en diferentes intervalos.

4. ¿Qué color claro es el idóneo para las paredes de la habitación del paciente?

a) Blanco mate.
b) Blanco marfil.
c) Blanco brillo.
d) Amarillo limón.

5. Respecto a la sonorización en la unidad del paciente, todo lo que se dice es cierto, excepto que:

a) El Técnico de cuidados de enfermería debe velar a la hora del descanso de que no se produzcan ruidos.

b) El personal sanitario utilizará calzado con suela dura, para que dicho ruido dé pista al enfermo y se sepa dónde se localiza.

c) Las habitaciones deben ser tranquilas y sin ruidos, ya que un excesivo ruido ambiental afectaría al enfermo.

d) Los modernos hospitales están construidos teniendo en cuenta la necesidad de un aislamiento acústico de las habitaciones.

6. El aparato locomotor se encarga de:

a) La estática.

b) El desplazamiento.

c) Dar respuesta sensitiva.

d) El equilibrio ortostático.

7. ¿Qué porción anatómica no forma parte del aparato locomotor?

a) Músculos.

b) Huesos.

c) Articulaciones.

d) Nervios.

8. ¿Qué hueso es largo?

a) Húmero.

b) Escafoides.

c) Calcáneo.

d) Coxal.

9. ¿Qué hueso es corto?

a) Ganchoso.

b) Peroné.

c) Tibia.

d) Cúbito.

10. ¿Qué hueso es plano?

a) Fémur.

b) Omóplato.

c) Astrágalo.

d) Clavícula.

11. ¿Qué medio es más aconsejable para un traslado cuando el paciente posee un estado físico deficiente?

a) La silla de ruedas.
b) La camilla.
c) Un vehículo a motor.
d) Son ciertas las respuestas a) y b).

12. ¿Qué es incorrecto a la hora de transportar a un paciente en una silla de ruedas?

a) Siempre se empuja por detrás, excepto cuando se sale o entra en el ascensor.
b) Cuando se cruza una puerta de hojas elásticas, se volverá la silla y pasará el auxiliar o celador antes que el paciente, caminando hacia atrás.
c) Si se baja una rampa, el celador o auxiliar caminará hacia atrás.
d) El traslado hacia un vehículo cuando es dado de alta un paciente se efectuará colocando la silla perpendicular al coche sin necesidad de frenarla (la frena el propio vehículo) y con los reposapiés levantados.

13. ¿Qué práctica es incorrecta en el transporte en camilla de un paciente por el TCAE o el celador?

a) Los pies del paciente van siempre por delante.
b) Al entrar en el ascensor, primero pasa la cabecera de la camilla.
c) El TCAE o el celador siempre va delante de la cabecera del paciente, colocando al paciente de cara en sentido contrario de la marcha.
d) Al salir de un ascensor, primero salen los pies del paciente.

14. ¿Para qué se realizan los ejercicios de amplitud de movimientos?

a) Para mantener la movilidad de las articulaciones.
b) No valen para prevenir las contracturas.
c) No ayudan a preparar a la persona que ha estado tiempo encamada para deambular.
d) No evitan atrofias.

15. ¿Qué movimientos se efectúan en los hombros si se realizan los ejercicios de amplitud de movimientos?

a) Movimientos de pronosupinación.
b) Movimientos de lateralidad.
c) Movimientos de flexoextensión.
d) Movimientos circulares.

En MADTEST tienes **más preguntas de este tema**, y todos tus avances quedan registrados y se reflejan en el ranking.

¡Supera tus límites con MADTEST!

Solución al test n.º 17

1. b) 250.

2. a) Luz natural (sol).

3. a) 10 a 15 minutos, en diferentes intervalos.

4. a) Blanco mate.

5. b) El personal sanitario utilizará calzado con suela dura, para que dicho ruido dé pista al enfermo y se sepa dónde se localiza.

6. b) El desplazamiento.

7. d) Nervios.

8. a) Húmero.

9. a) Ganchoso.

10. b) Omóplato.

11. b) La camilla.

12. d) El traslado hacia un vehículo cuando es dado de alta un paciente se efectuará colocando la silla perpendicular al coche sin necesidad de frenarla (la frena el propio vehículo) y con los reposapiés levantados.

13. c) El TCAE o el celador siempre va delante de la cabecera del paciente, colocando al paciente de cara en sentido contrario de la marcha.

14. a) Para mantener la movilidad de las articulaciones.

15. d) Movimientos circulares.

Necesidades higiénicas: cuidado de la boca, cabello, ojos, uñas, piel, genitales y úlceras de decúbito. Alimentación y nutrición: tipos de dietas

1. Todo lo que se dice de la cuna del recién nacido es cierto excepto que:

a) Debe poseer balanceo, para dormir al niño.
b) Debe ser fija.
c) Debe poseer ruedas, para su potencial desplazamiento.
d) No debe contener mucha ropa.

2. ¿Qué debe vigilar el ATS/DUE durante la realización de la higiene del paciente asistido con ventilación artificial?

a) Su estado anímico.
b) Los sistemas y conexiones del respirador, así como los tubos y cánulas.
c) La frecuencia cardíaca y demás constantes vitales.
d) Nada de lo antes mencionado tiene interés.

3. El baño del niño:

a) Se hará en días alternos, en horario regular y con una duración de 5 a 7 minutos.
b) Se hará cada 3 días, en horario regular y con una duración aproximada de 15 minutos.
c) Se hará a diario, en horario regular y con una duración de 5 a 7 minutos.
d) Se hará a diario, siendo su momento en el horario de la mañana regular y con una duración aproximada de 15 minutos.

4. ¿Qué elemento o elementos anatómicos de estos no pertenece al sistema tegumentario?

a) Piel.
b) Pelos.
c) Uñas.
d) Cartílagos.

5. ¿Qué función de estas no cumple el sistema tegumentario?

a) Síntesis de vitamina K y melatonina.
b) Eliminación de sudor.
c) Regulación térmica.
d) Protección.

6. El tejido celular subcutáneo de la piel se denomina:

a) Dermis.
b) Hipodermis.
c) Epidermis.
d) Tejido de Malpighio.

7. ¿Qué característica del epitelio de la epidermis no es correcta?

a) Estratificado.
b) Cúbico.
c) Plano.
d) Queratinizado.

8. ¿En qué lugar de la epidermis se producen las células que la regeneran?

a) Capa o estrato córneo.
b) Capa o estrato granuloso.
c) Capa o estrato espinoso.
d) Capa o estrato basal.

9. ¿Cómo se denomina la sustancia que pigmenta la piel localmente?

a) Tirosina.
b) Adenina.
c) Melanina.
d) Melatonina.

10. ¿Qué zona de la piel no posee vasos sanguíneos?

a) Epidermis.
b) Dermis.
c) Hipodermis.
d) Todas poseen vasos sanguíneos.

11. ¿En qué fibra es rica la dermis?

a) En glucógeno.
b) En reticulares.
c) En colágena.
d) En vitaminas.

12. ¿En qué zona anatómica de estas se localizan las glándulas sudoríparas apocrinas?

a) En axilas.
b) En espalda.
c) En cara, excepto párpados.
d) En plantas del pie y palmas de las manos.

13. ¿Dónde no hay glándulas sebáceas?

a) En axilas.
b) En plantas del pie y palmas de las manos.
c) En cuero cabelludo.
d) En cara.

14. ¿Cómo se denomina la parte de las uñas que se observa en sus zonas proximales en forma de zona blanquecina semicircular?

a) Cutícula.
b) Lúnula.
c) Bulbo.
d) Médula.

15. ¿Cuál de estas es una lesión elemental secundaria de la piel?

a) Pápula.
b) Habón.
c) Nódulo.
d) Escara.

Solución al test n.º 18

1. a) Debe poseer balanceo, para dormir al niño.

2. b) Los sistemas y conexiones del respirador, así como los tubos y cánulas.

3. c) Se hará a diario, en horario regular y con una duración de 5 a 7 minutos.

4. d) Cartílagos.

5. a) Síntesis de vitamina K y melatonina.

6. b) Hipodermis.

7. b) Cúbico.

8. d) Capa o estrato basal.

9. c) Melanina.

10. a) Epidermis.

11. c) En colágena.

12. a) En axilas.

13. b) En plantas del pie y palmas de las manos.

14. b) Lúnula.

15. d) Escara.

Prevención de accidentes y primeros auxilios.
Normas de actuación en situaciones de emergencia

1. Consideramos que lo ideal sería que supieran técnicas de RCP:

a) Todo el personal sanitario.
b) Todo el personal de primera intervención.
c) Todos los ciudadanos.
d) Todo el personal que trabaje en un servicio sanitario.

2. El estilo Utstein en el soporte vital básico es:

a) Un acuerdo a nivel mundial para consensuar definiciones relacionadas con la RCP.
b) La principal asociación de indicaciones en RCP a nivel europeo.
c) La secuencia de actuación correcta ante una emergencia clínica.
d) Todas son ciertas.

3. El primer eslabón de la cadena de supervivencia es:

a) RCP básica.
b) Desfibrilación precoz.
c) Activación de los servicios de emergencia.
d) Soporte vital avanzado.

4. El número seleccionado en toda Europa para la activación de los servicios de emergencias es:

a) 112.
b) 061.
c) 060.
d) 092.

5. La causa más frecuente de parada cardiorrespiratoria en adultos es:

a) Torsades de pointes.
b) FV.

c) FA.
d) Enfermedad terminal.

6. Para despejar la vía aérea usaremos la técnica de:

a) Tracción mandibular.
b) VOS.
c) Insuflaciones.
d) Dedo en gancho.

7. La secuencia correcta entre MCE (masaje cardiaco externo) e insuflaciones es de:

a) 30/2.
b) 15/2.
c) 30/1.
d) Depende del número de reanimadores.

8. ¿Cuál de las siguientes afirmaciones sobre el boca a boca es falsa?

a) Debemos tapar los orificios nasales.
b) Debemos sellar la boca del paciente con nuestra boca.
c) Se realizarán 2 insuflaciones cada 30 compresiones.
d) Se realizará una insuflación profunda para mejorar la oxigenación.

9. Consideraremos una obstrucción como parcial si:

a) El paciente no se encuentra atragantado.
b) El paciente puede respirar y toser.
c) El paciente no puede toser.
d) El paciente se encuentra consciente.

10. Ante una hemorragia:

a) Deberemos dar agua para reponer el volumen perdido.
b) Deberemos usar un torniquete.
c) Deberemos hacer compresión sobre la herida.
d) Deberemos aplicar calor seco.

11. La cánula de Guedel:

a) Es una cánula orofaríngea.
b) Se utiliza para mantener la vía aérea permeable.
c) Es un tubo de plástico abierto en su interior.
d) Todas las respuestas son ciertas.

12. Es un ritmo desfibrilable:

a) TVSP.
b) Asistolia.
c) Sinusal.
d) Bloqueo completo.

13. Si está indicada la descarga con el desfibrilador deberemos estar seguros de que:

a) El ritmo es desfibrilable.
b) El nivel de julios es el correcto.
c) Nadie toca al paciente.
d) El DESA tiene baterías.

14. ¿Cuándo se suspende la RCP básica?

a) Cuando la valoración nos indica que el paciente presenta una PCR.
b) Cuando el paciente necesita una descarga eléctrica.
c) Cuando el reanimador está exhausto.
d) Todas las respuestas son ciertas.

15. En los niños las técnicas de RCP se inician con:

a) 30 compresiones.
b) 2 ventilaciones.
c) 5 ventilaciones.
d) 15 compresiones.

En MADTEST tienes **más preguntas de este tema**, y todos tus avances quedan registrados y se reflejan en el ranking.

¡Supera tus límites con MADTEST!

Solución al test n.º 19

1. c) Todos los ciudadanos.

2. a) Un acuerdo a nivel mundial para consensuar definiciones relacionadas con la RCP.

3. c) Activación de los servicios de emergencia.

4. a) 112.

5. b) FV.

6. a) Tracción mandibular.

7. a) 30/2.

8. d) Se realizará una insuflación profunda para mejorar la oxigenación.

9. b) El paciente puede respirar y toser.

10. c) Deberemos hacer compresión sobre la herida.

11. d) Todas las respuestas son ciertas.

12. a) TVSP.

13. c) Nadie toca al paciente.

14. c) Cuando el reanimador está exhausto.

15. c) 5 ventilaciones.

TEST N.º 20

Cuidados básicos. Promoción de las actividades de la vida diaria y terapia ocupacional

1. El proceso de Enfermería:

a) Favorece el trato generalizado de los pacientes.
b) Evita los olvidos.
c) Aumenta la participación de los pacientes con respecto a su proceso de curación.
d) Las opciones b) y c) son correctas.

2. ¿Cuál de las siguientes no es una etapa del proceso de Enfermería?

a) Valoración.
b) Entrevista.
c) Ejecución.
d) Evaluación.

3. La etapa de Planificación consiste en:

a) Reunir todos los datos para identificar la situación de salud del individuo o grupo.
b) La puesta en práctica del plan de cuidados.
c) Elaborar un plan de cuidados precisos, adaptado a la situación ante la que nos encontremos.
d) Medición de los resultados obtenidos.

4. Uno de los test más utilizados en psicología para valorar el estado cognitivo del individuo (orientación temporoespacial, atención, cálculo, memoria, lenguaje) es:

a) Escala de valoración Lawton y Brody.
b) Test de Lobo.
c) Escala de valoración de Barthel.
d) Índice de Katz.

5. La determinación de prioridades es una subetapa de la etapa de:

a) Diagnóstico.
b) Planificación.
c) Valoración.
d) Ejecución.

6. ¿Cuál de las siguientes no es una subetapa de la planificación?

a) Descripción de los objetivos que se esperan del paciente.
b) Organización de datos.
c) Interpretación de datos.
d) Las opciones b) y c) son correctas.

7. En el análisis de las necesidades del anciano hay que valorar:

a) La composición familiar.
b) El nivel de formación.
c) La actividad laboral que haya desarrollado.
d) Los cambios fisiológicos inherentes al proceso de envejecimiento.

8. ¿En cuántas necesidades se basa el modelo propuesto por Virginia Henderson?

a) En 10.
b) En 11.
c) En 12.
d) En 14.

9. Dentro de las manifestaciones de independencia de la persona mayor, en relación con la función respiratoria, se encuentra:

a) Una respiración de forma silenciosa, rítmica y con una frecuencia entre 12 y 15 respiraciones por minuto.
b) Frecuencia cardiaca entre 60 y 80 pulsaciones por minuto.
c) No tiene tos.
d) Presenta un requerimiento de transporte e intercambio aéreo adecuado a sus requerimientos orgánicos.

10. ¿Cuál de los siguientes no es un elemento de la dimensión social/situacional de la alimentación?

a) Distribución de los elementos de la cocina.
b) Recursos económicos que le permita la adecuada adquisición de alimentos.
c) El valor que tiene para el anciano el acto de la comida.
d) Los cambios de residencia que potencialmente puedan provocar un cambio en el ritmo habitual de comidas.

11. Dentro de los hábitos eliminatorios adecuados para un aciano está:

a) 4 a 6 micciones diarias.
b) El volumen de orina diaria es menor a los 1.200 cc.
c) Evacuación de heces regular, de 1 a 2 veces cada 1 a 2 días.
d) Todas las respuestas anteriores son correctas.

12. La pérdida de la masa ósea se encuentra relacionada con:

a) Cambios de la actividad física.
b) Cambios hormonales.
c) Cambios neurológicos.
d) Todas las respuestas anteriores son correctas.

13. ¿Qué se considera una manifestación de dependencia en relación con la necesidad de descanso?

a) Dormir menos de 7 horas.
b) Dormir más de 12 horas diarias.
c) Muestras de irritabilidad y fatiga.
d) Sueño muy superficial.

14. Las etiquetas diagnósticas más frecuentes que corresponden al área del vestirse y desvestirse son:

a) Dolores articulares.
b) Hipertermia.
c) Alzheimer.
d) Depresión.

15. Es una manifestación de independencia en el mantenimiento de la temperatura corporal:

a) Mantener una temperatura corporal alrededor de los 36 ºC, tomada en la axila durante 10 minutos y con una temperatura ambiental de entre 18 y 23 ºC.
b) Mantener una temperatura corporal alrededor de los 37 ºC, tomada en la axila durante 10 minutos y con una temperatura ambiental de entre 18 y 23 ºC.
c) Utiliza los mecanismos de adaptación para protegerse de los cambios extremos de temperatura.
d) Las opciones a) y c) son correctas.

En MADTEST tienes **más preguntas de este tema**, y todos tus avances quedan registrados y se reflejan en el ranking.

¡Supera tus límites con MADTEST!

Solución al test n.º 20

1. d) Las opciones b) y c) son correctas.

2. b) Entrevista.

3. c) Elaborar un plan de cuidados precisos, adaptado a la situación ante la que nos encontremos.

4. b) Test de Lobo.

5. b) Planificación.

6. d) Las opciones b) y c) son correctas.

7. d) Los cambios fisiológicos inherentes al proceso de envejecimiento.

8. d) En 14.

9. d) Presenta un requerimiento de transporte e intercambio aéreo adecuado a sus requerimientos orgánicos.

10. c) El valor que tiene para el anciano el acto de la comida.

11. c) Evacuación de heces regular, de 1 a 2 veces cada 1 a 2 días.

12. d) Todas las respuestas anteriores son correctas.

13. c) Muestras de irritabilidad y fatiga.

14. b) Hipertermia.

15. c) Utiliza los mecanismos de adaptación para protegerse de los cambios extremos de temperatura.

Cómo acceder al Curso

Escala Atención Sociosanitaria (C1-04-01 Atención Sociosanitaria, Educación Especial y Cuidados Auxiliares de Enfermería)
Test del temario

Deberás acceder a:

mad.es/registro-campus

Si una vez aceptadas las condiciones de uso del Campus decides hacer uso del mismo, necesitarás del siguiente código de acceso junto con los códigos del resto de títulos que se exigen (si fuera el caso):

NJX8Y7I2HF